kurz & bündig
klar • lösungsorientiert • verständlich

Intensivtraining IKA
für die Abschlussprüfung

Theorie, Aufgaben & Lösungen

Information
Kommunikation
Administration

Jörg Simmler u.a.

Dozent/Projektleiter	Simmler Jörg	PHZH/Berufsschule Bülach
Autoren	Bührer Michael	Handelsschule KV Schaffhausen
	Dubuis Bernard	KV Zürich Business School
	Fischer Anita	Wirtschaftsmittelschule Basel
	Frei Felix	ISW Solution GmbH
	Hofmann Robert	Kantonsschule Büelrain Winterthur
	Hotz Thomas	KBS Schwyz
	Jörg Florian	Minerva ZH
	Kunz Michael	BZ Wil-Uzwil
	Leiser Hertig Agnes	Wirtschaftsschule Thun
	Leist Markus	Kaufmännische Berufsfachschule Solothurn
	Müller Carola	Berufsfachschule Winterthur
	Oehninger Marianne	Berufsfachschule Winterthur
	Pohl Alexander	
	Schuler Anita	Bildungszentrum Zürichsee, Horgen
	Zimmermann Claudia	Wirtschaftsschule KV Uster

Unterstützt von der **PH Zürich**

© by KLV Verlag AG

Alle Rechte vorbehalten

Ohne Genehmigung des Herausgebers ist es nicht gestattet, das Buch oder Teile daraus in irgendeiner Form zu reproduzieren.

Trotz intensiver Nachforschungen gelang es uns nicht in allen Fällen, die Rechteinhaber zu ermitteln. Wir bitten diese, sich mit dem Verlag in Verbindung zu setzen.
Meldung direkt an den Verlag: rechte@klv.ch oder Telefon 071 845 20 10

Layout, Satz und Cover: KLV Verlag AG

3. Auflage 2018

ISBN 978-3-85612-573-8

KLV Verlag AG
Quellenstrasse 4e
9402 Mörschwil
Tel.: 071 845 20 10
Fax: 071 845 20 91
www.klv.ch
info@klv.ch

Inhaltsverzeichnis

Vorwort 5
Erklärung Icons 6

Teil 1 – Vorbereitungen 7

1.1 Aufbau des Lehrmittels 8
    1.1.1 Im Buch 8
    1.1.2 Elektronisch www.klv.ch/ika-intensivtraining 8
    1.1.3 Login und Download beim KLV-Verlag 8
1.2 Vorbereitung auf die Prüfung 9
    1.2.1 Stoffabgrenzung nutzen 9
    1.2.2 Prüfungsvorbereitung planen 9
1.3 Stoffabgrenzung 13
    1.3.1 Techniken, Fertigkeiten 14
    1.3.2 Wirtschaftssprache/schriftliche Kommunikation 14
    1.3.3 Textpräsentation – PowerPoint 15
    1.3.4 Tabellenkalkulation – Excel 16
    1.3.5 Textgestaltung – Word 18

Teil 2 – Übungsserien 21

2.1 Die Übungsserien, Aufbau, Notenraster 22
    2.1.1 Einleitung 22
2.2 Die Gustino AG stellt sich vor 24
    2.2.1 Ihr Lehrbetrieb 24
2.3 Die Gustino AG feiert Jubiläum 25
    2.3.1 Einleitung 25
    2.3.2 Aufgabe A – Textgestaltung 25
    2.3.3 Aufgabe B – schriftliche Kommunikation 28
    2.3.4 Aufgabe C – Tabellenkalkulation 29
    2.3.5 Aufgabe D – Präsentation 31
2.4 Die Gustino AG lanciert ein neues Produkt 34
    2.4.1 Einleitung 34
    2.4.2 Aufgabe A – Textgestaltung 34
    2.4.3 Aufgabe B – schriftliche Kommunikation 36
    2.4.4 Aufgabe C – Tabellenkalkulation 37
    2.4.5 Aufgabe D – Präsentation 39
2.5 Die Gustino AG evaluiert ein neues Auto 41
    2.5.1 Einleitung 41
    2.5.2 Aufgabe A – Textgestaltung 41
    2.5.3 Aufgabe B – schriftliche Kommunikation 43
    2.5.4 Aufgabe C – Tabellenkalkulation 44
    2.5.5 Aufgabe D – Präsentation 46
2.6 Sie organisieren einen Ausflug 47
    2.6.1 Einleitung 47
    2.6.2 Aufgabe A – Textgestaltung 47
    2.6.3 Aufgabe B – schriftliche Kommunikation 50
    2.6.4 Aufgabe C – Tabellenkalkulation 51
    2.6.5 Aufgabe D – Präsentation 53

Teil 3 – Lösungen — 55

- 3.1 Arbeit selbstständig korrigieren 56
- 3.2 Lösungen zu Kapitel 2.3 – Jubiläum 57
  - 3.2.1 Textgestaltung 57
  - 3.2.2 Wirtschaftssprache Korrekturhilfe 64
  - 3.2.3 Tabellenkalkulation 65
  - 3.2.4 Präsentation 69
- 3.3 Lösungen zu Kapitel 2.4 – Neues Produkt 78
  - 3.3.1 Textgestaltung 78
  - 3.3.2 Wirtschaftssprache: Korrekturhilfe 83
  - 3.3.3 Tabellenkalkulation 84
  - 3.3.4 Präsentation 89
- 3.4 Lösungen Kapitel 2.5 – Evaluation Auto 92
  - 3.4.1 Textgestaltung 92
  - 3.4.2 Wirtschaftssprache Korrekturhilfe 95
  - 3.4.3 Tabellenkalkulation 96
  - 3.4.4 Präsentation 105
- 3.5 Lösungen Kapitel 2.6 – Ausflug 109
  - 3.5.1 Textgestaltung 109
  - 3.5.2 Wirtschaftssprache Korrekturhilfe 116
  - 3.5.3 Tabellenkalkulation 117
  - 3.5.4 Präsentation 123

Teil 4 – Online — 127

- 4.1 Lösungsfilme mit detaillierten Anleitungen 128
- 4.2 Theoriefragen 128
- 4.3 Schlusswort 129

Vorwort

Qualifikationsverfahren oder QV, diese Prüfung als Abschluss des IKA-Unterrichts ist für Sie ein weiterer Schritt hin zu Ihrem Lehrabschluss. Dieses Trainings-Lehrmittel soll Sie auf den Tag vorbereiten und Ihnen eine stressfreie Prüfung ermöglichen. Ein kleines Kribbeln wird aber bestimmt bleiben!

Wir sind 15 IKA-Lehrpersonen, welche die Berufsschullehrerausbildung an der Pädagogischen Hochschule Zürich absolvierten. Im Rahmen unserer Ausbildung und unter der Leitung unseres IKA-Fachdidaktik-Dozenten haben wir vier QV-Prüfungsserien erstellt, die den Anforderungen der kommenden Abschlussprüfung entsprechen.

Berücksichtigt haben wir die Leistungsziele, die nach der neuen Bildungsverordnung geprüft werden, sowie die Neuerungen, die die zentrale Prüfungskommission in den letzten Vorserien eingeführt hat.

Die Autoren

Übungsdateien, Lösungsdateien, Lösungsfilme und Theoriefragen
finden Sie beim Produkt unter www.klv.ch

Benutzername: iKa_intensiv
Passwort: iT_867_iKA

Laden Sie diese gleich zu Beginn Ihrer Arbeit herunter. Details finden Sie in Kapitel 1.1.3.

Erklärung Icons

Von Hand schreiben
Bei diesem Piktogramm müssen Sie sich Notizen im Buch oder auf einem zusätzlichen Papier machen. Im Normalfall werden diese dann in eine Arbeit am Computer umgesetzt.

Tipps und Nachschlage-Ideen
Gibt Ihnen entsprechende Hinweise zum Thema.

Aufgaben
Auf diesen Seiten finden Sie die Übungsserien.

Lösungen
Lösungen zu den Aufgaben.

FAIR KOPIEREN! URHEBERRECHT ACHTEN.
www.fair-kopieren.ch

Qualitätsansprüche

KLV steht für **K**LAR • **L**ÖSUNGSORIENTIERT • **V**ERSTÄNDLICH

Bitte melden Sie sich bei uns per Mail (feedback@klv.ch) oder Telefon (+41 71 845 20 10), wenn Sie in diesem Werk Verbesserungsmöglichkeiten sehen oder Druckfehler finden. Vielen Dank.

Teil 1 – Vorbereitungen

So werden Sie fit fürs QV*

1.1 Aufbau des Lehrmittels
1.2 Vorbereitung auf die Prüfung
1.3 Stoffabgrenzung

* QV Qualifikationsverfahren, früher Lehrabschluss

1.1 Aufbau des Lehrmittels

Um Ihnen einen möglichst grossen Nutzen zu bieten, haben wir das Training in folgende Teile aufgeteilt:

1.1.1 Im Buch

Planung	In Kapitel 1.2 finden Sie Hinweise zur Prüfungsvorbereitung. So gehen Sie optimal vor.
Stoffabgrenzung	In Kapitel 1.3 sind alle Elemente aufgeführt, die im Unterricht durchgenommen wurden und am QV geprüft werden können.
Übungsserien	Kern dieses Buches sind die Kapitel 2.2 bis 2.6. Hier finden Sie vier Übungsserien mit Aufgaben zu Word, Excel, PowerPoint und Wirtschaftssprache.
Lösungswege	In den Kapiteln 3.1–3.5 zeigen wir Ihnen anhand von Anleitungen mit Bildschirmausschnitten die Lösungswege zu den Aufgaben. Falls Sie mehr Informationen wünschen, finden Sie eine detaillierte Lösungsbeschreibung im zugehörigen Lösungsfilm (vgl. Kapitel 4.1).

1.1.2 Elektronisch www.klv.ch/ika-intensivtraining

Prüfungsdateien	Damit Sie die Aufgaben im Teil 2 dieses Buches lösen können, benötigen Sie die Übungsdateien zu den Prüfungsserien.
Lösungsdateien	Zu jeder Aufgabe finden Sie im Lösungsordner die entsprechende Lösungsdatei.
Lösungsfilme	Wir haben die Lösungswege auch verfilmt. Diese zeigen Ihnen Schritt-für-Schritt-Anleitungen von erfahrenen IKA-Lehrpersonen. Schauen Sie die Filme an, um auch nicht entdeckte Fehler und mögliche Optimierungen zu Ihrer Arbeitsweise zu erkennen.
Theoriefragen	Ca. 250 Theoriefragen zu Informatikgrundlagen, Archivierungssystemen, Ergonomie und Ökologie sind zusätzlich online vorhanden um sich selber zu testen.

1.1.3 Login und Download beim KLV-Verlag

Anmelden für die Prüfungs- und Lösungsdateien, sowie für die Filme und die Theoriefragen
(Login KLV-Webseite)

- Download-Button befindet sich beim Produkt unter www.klv.ch
- Benutzername   iKa_intensiv
- Passwort   iT_867_iKA

Tipps fürs Bewegen auf der Webseite

- Unter Prüfungsdateien laden Sie alle Files herunter. Um alle Dateien auf einmal herunterzuladen, klicken Sie auf das rote Wort «Gesamtfile»
- Um in die anderen Verzeichnisse (Lösungsdateien, Lösungsvideos) zu verzweigen, benutzen Sie den Link «Zurück» am oberen rechten Rand.
- Die Theoriefragen üben Sie anhand von Multiple Choice Aufgaben. Die Exceldatei mit den Fragen laden Sie mit den anderen Prüfungsdateien herunter. Nach dem Ausfüllen sehen Sie sofort das Resultat und Ihre Note.

1.2 Vorbereitung auf die Prüfung

«Die beste Zeit, einen Baum zu pflanzen, war vor zwanzig Jahren. Die nächstbeste Zeit ist jetzt.»
(Afrikanisches Sprichwort)
Auch wenn Sie spät dran sind: Legen Sie jetzt los und warten Sie nicht weiter zu!

1.2.1 Stoffabgrenzung[1] nutzen

Sie haben im IKA viel gelernt. Wo fangen Sie an zu repetieren, ohne die Übersicht zu verlieren? Was wissen Sie noch? In Kapitel 1.3 finden Sie die Stoffabgrenzung. Arbeiten Sie diese zuerst durch. Hier treffen Sie eine Vorselektion, welche Themen Sie noch wie stark vertiefen wollen.

- ☒ Haken Sie alle Elemente ab, die Sie beherrschen.
- ☐ Markieren Sie Stoff, den Sie noch repetieren müssen. Benützen Sie je nach Relevanz und geschätztem Aufwand unterschiedliche Farben. Z. B. rot = wichtige Themen, die unbedingt vertieft werden müssen.
- ☐ Notieren Sie am rechten Rand Ihre Bemerkungen und die nächsten Schritte.

Notizen

1.2.2 Prüfungsvorbereitung planen

Erstellen Sie einen Zeitplan für Ihre Prüfungsvorbereitung und halten Sie sich daran. Nachfolgend finden Sie einen Vorschlag.
Diese Grobplanung passt bei einer dreijährigen Lehre. Wenn Sie sich an einer Handelsschule auf die Prüfung vorbereiten, müssen Sie in kürzeren Zeitabständen planen.

1.2.2.1 Bis zu den Sportferien

Repetieren Sie die Themen, die Sie in der Stoffabgrenzung als vorrangig markiert haben.

- Lesen Sie die Theorie in Ihren Unterlagen nach.
- Erstellen Sie eine Zusammenfassung[2] für Ihren Ordner mit den persönlichen Notizen.
- Lösen Sie mindestens eine Übung zu diesem Thema. Fragen Sie Ihre IKA-Lehrperson nach Zusatzmaterial.
- Gute Lernmöglichkeiten bieten die KLV App IKA, die im App Store zu finden ist oder die Übungen der Woche, die Sie beim Wings-Verlag unter www.wings.ch herunterladen können.

1.2.2.2 Lernpartnerschaft – lernen Sie im Team

Jetzt ist auch der Zeitpunkt, Lernpartnerschaften zu bilden. Wir empfehlen Ihnen die Übungsprüfungen zuerst alleine zu lösen und anschliessend in Zweier- oder Dreierteams zu korrigieren und die Resultate zu besprechen. Gegenseitig motivieren Sie sich und erinnern sich an die gesetzten Termine.

---

[1] Stoffabgrenzung: Beschreibung der Themen, die am QV geprüft werden können.
[2] Stellen Sie sich vor, Sie würden einen Spick schreiben. So schreiben Sie automatisch nur das auf, was Sie noch nicht beherrschen.

www.klv.ch

1.2.2.3 Bis zu den Frühlingsferien – zwei Serien lösen

- Lösen Sie die beiden ersten Serien in diesem Buch.
- Nehmen Sie sich 110[3] Minuten Zeit für jede Serie und **arbeiten Sie diese ohne Pause durch.**
- Wenn Sie beim Lösen der Aufgaben stecken bleiben, **verwenden Sie Ihre Unterlagen,** um weiterzukommen. Schauen Sie nicht in den Lösungsdateien der QV-Trainings nach. Stoppen Sie nach 110 Minuten. Wie weit sind Sie gekommen? Lösen Sie nun in Ihrem Tempo die Prüfung zu Ende.
- Ein gutes Zeitmanagement gehört zu den wichtigsten Prüfungsstrategien. Lassen Sie sich nicht frustrieren, wenn bei den ersten Serien die vorgegebene Zeit nicht reicht.

1.2.2.4 Selbstauswertung der Prüfung

- Nach jeder gelösten Serie **kontrollieren Sie Ihre Arbeit** anhand der Lösungsdateien, der Lösungsanleitung und der Lösungsfilme.
- Neben der Aufgabenstellung steht die mögliche Punktzahl. Anhand dieser Angaben ermitteln Sie Ihr Resultat. Vergeben Sie nur ganze Punkte.
- Für jede Aufgabe der **Wirtschaftssprache** (schriftliche Kommunikation) finden Sie in den Lösungsanleitungen ein **Korrekturraster,** das Ihnen zur Ermittlung der Punktzahl dient.
- Beim Lernen in der Lerngruppe korrigiert jemand anderes Ihre Prüfung. Finden Sie gegenseitig alle Fehler!
- In Kapitel 4 finden Sie zwei Notenskalen:
  100 Punkte: Notenraster für die Prüfung, inklusive 8 Theoriefragen
  92 Punkte: Notenraster für die Prüfung ohne Theoriefragen
- Verbessern Sie die Fehler. Es ist wichtig, dass Sie alle Prüfungselemente nach der Korrektur verstanden haben.
- Notieren Sie sich Lösungswege. Legen Sie diese in Ihren persönlichen Unterlagen (Ordner) ab.

1.2.2.5 Regelmässig Theoriefragen üben

Sie haben Zugang zu einem Pool von über 250 Fragen zu folgenden Themen der Informatikgrundlagen:

Datensicherheit, Datenschutz, Ergonomie, Ökologie und Archivierungssysteme. Lösen Sie regelmässig 10 bis 20 Aufgaben unter www.klv.ch/ika-intensivtraining. Rasch werden Sie Ihren Wissenszuwachs feststellen.

1.2.2.6 Vervollständigen Sie Ihre persönlichen Unterlagen

Beim Qualifikationsverfahren dürfen Sie alle Ihre Unterlagen auf Papier verwenden. Während des Tests haben Sie jedoch sehr wenig Zeit für die Suche. Die Zeit reicht höchstens aus, um schnell ein Buch aufzuklappen, eine Formel herauszusuchen oder um eigene Notizen, z. B. zum Thema Seriendruck, nachzulesen. Bedingung ist, dass Sie gut vorbereitet sind und Ihre Unterlagen strukturiert aufgearbeitet haben. Bringen Sie nach den ersten beiden Übungsprüfungen Ihre Unterlagen in einen optimalen Zustand.

- Legen Sie Ihre Unterlagen in einem Ordner mit Register ab. Sie können diese Struktur noch mit Post-its verfeinern.
- Kleben Sie in Ihre Theoriebücher Post-its ein, die Ihnen sofortigen Zugriff auf die wichtigen Themen geben. Markieren Sie wichtige Textteile.
- Finden Sie mit dem Inhaltsverzeichnis und dem Index Ihrer Theoriebücher schnell zu den gesuchten Themen? **Trainieren Sie** dies: Suchen Sie über den **Index** die bedingte Formatierung von Excel, die Formatvorlagen von Word und den Kioskmodus von PowerPoint.

---

[3] Am QV haben Sie 120 Minuten Zeit. 10 Minuten sind für die Theoriefragen vorgesehen. Hier lösen Sie diese separat in elektronischer Form.

- Nutzen Sie kleine farbige Post-its, um wichtige Elemente wie z. B. Fünferrundung, Summewenn usw. rasch zu finden.
- Ergänzen Sie laufend die Themen, die Ihnen Schwierigkeiten bereitet haben.
- Schreiben Sie Zusammenfassungen.
- Trennen Sie die Lösungswege von für Sie schwierigen Themen aus diesem Buch heraus, markieren Sie die entsprechende Stelle und legen Sie diese auch in Ihrem Ordner ab.

1.2.2.7 Nach den Frühlingsferien: Zwei Serien lösen

Lösen Sie, verteilt auf zwei Wochen, nochmals zwei Serien. Korrigieren und verbessern Sie sie. Auch in der Schule bereiten Sie sich nun aufs QV vor. Achten Sie darauf, dass Sie **wöchentlich eine Serie lösen** und korrigieren können. Passen Sie Ihre Zeitplanung entsprechend an.

1.2.2.8 Eine Woche vor dem QV: Repetition

Repetieren Sie Ihre wichtigen Themen nochmals und trainieren Sie die Prüfungselemente, die regelmässig geprüft werden, z. B.:

Word	Seriendruck, Formatvorlagen, Inhaltsverzeichnis, Spalten, Tabellen, Tabulatoren, Kopf- und Fusszeilen, Abschnittwechsel
Excel	Bezüge, Anzahl2, Mittelwert, Zählenwenn, Summewenn, Filtern, Wenn;Dann;Sonst, Diagramme
PowerPoint	Layouts, Master, Bilder, Animationen, benutzerdefinierte Präsentation

1.2.2.9 Am Tag vor der Prüfung: Ruhezeit

Es ergibt keinen Sinn, wenn Sie jetzt noch allen verpassten Stoff nachholen wollen. Legen Sie keine Nachtschicht ein. Unser Gehirn ist viel leistungsfähiger, wenn wir ausgeruht sind. Gehen Sie zur gewohnten Zeit schlafen. Vermeiden Sie Medikamente zur Beruhigung. Ein bisschen Nervosität ist normal.
Legen Sie sich vorher die notwendigen Materialien für den Prüfungstag bereit:

- Theoriebücher
- Ordner mit Notizen
- Schreibmaterial
- ID oder Pass
- Getränk
- Kleiner Snack, Traubenzucker
- ÖV-Ticket, Fahrplan
- Aufgebot mit Angaben zu Prüfungszeiten, Zimmer etc.

1.2.2.10 Am Prüfungstag

- Planen Sie genügend Zeit für die Anreise ein.
- Reisen Sie mit den öffentlichen Verkehrsmitteln an.
- Essen Sie vor der Prüfung etwas.
- Halten Sie sich bei Kaffee und Energydrinks zurück.

1.2.2.11 An der Prüfung (beachten Sie unbedingt die Vorgaben Ihrer Schule)

- Schalten Sie Ihr Handy aus und verstauen Sie es in Ihrer Schultasche / im Rucksack.
- Legen Sie den Ausweis, Ihre Schreibutensilien und Ihre Unterlagen bereit.
- Während der Prüfung herrscht absolute Ruhe.
- Bei Fragen heben Sie die Hand, rufen Sie nicht.
- Der Austausch von Unterlagen ist nicht gestattet.
- Speichern Sie die Dateien sofort zu Beginn und danach regelmässig am richtigen Ort.
- Bei Systemproblemen haben Sie nur sehr begrenzt Anrecht auf Zusatzzeit. Normalerweise erhalten Sie maximal 5 Minuten Zusatzzeit bei einem Systemabsturz.
- Nutzen Sie die Zeit bis zum Schluss. Geben Sie nicht vorzeitig ab.
- Drucken Sie nur, wenn dies verlangt wird.
- Geben Sie am Schluss alle Unterlagen ab. Falls Sie Notizen gemacht haben, geben Sie diese mit den Prüfungsunterlagen ab.
- Verlassen Sie ruhig den Prüfungsraum. Verhalten Sie sich auch auf den Gängen ruhig, so stören Sie andere nicht, die ebenfalls eine Prüfung schreiben.

1.3 Stoffabgrenzung

Die folgende Stoffabgrenzung hilft Ihnen zu kontrollieren, ob Sie alle geforderten Themen beherrschen. Sie ist eine verkürzte Form der in der Bildungsverordnung veröffentlichten Leistungsziele[4].

Bearbeiten Sie die Checkliste und notieren Sie im Notizenbereich das weitere Vorgehen für offene Punkte.

Informatikgrundlagen
Informatikgrundlagen werden normalerweise – genauso wie Ergonomie, Ökologie und die Archivierungssysteme – im Rahmen der Theoriefragen geprüft. Testen Sie Ihr Wissen mit den heruntergeladenen Theoriefragen.

Thema
klar ☑

Bemerkungen
Wann wie lernen?

- ☐ **Grundlagen, Grundbegriffe**
    - ☐ Analoge Daten und digitale Daten
    - ☐ Dezimalsystem und Dualsystem (nur Begriffe – keine Umrechnungen)
    - ☐ Bit, Byte, Kilobyte, Megabyte, Gigabyte, Terabyte
    - ☐ ASCII-Code (Begriff)
    - ☐ Einteilung von Computern, Bauformen (Desktop, Tower, Notebook, Tablet)
    - ☐ Einsatzbereich, Vor- und Nachteile von: ... (Personal Computer, Server, Grossrechner)
    - ☐ EVA-Prinzip
    - ☐ Begriffe wie LAN, WAN

- ☐ **Hardware**
    - ☐ Peripheriegeräte (Eingabe- und Ausgabegeräte, Qualitätsmerkmale eines Druckers, Laserdrucker, Tintenstrahldrucker, Matrixdrucker, Qualitätsmerkmale eines Bildschirms)
    - ☐ Zentraleinheit (Motherboard, Prozessor/CPU, interner Speicher: RAM, ROM, Cache)
    - ☐ Schnittstellen (parallel, seriell, USB, FireWire)
    - ☐ Externe Speicher mit deren aktuellen Speichergrössen (Festplatten, Disketten, CD-ROM, Streamer/DAT-Band, USB Memory Stick, Blu-ray)

- ☐ **Software**
    - ☐ Begriff Software (Programme und Daten)
    - ☐ Differenzierung Anwendersoftware/Betriebssystem
    - ☐ Betriebssysteme nennen (Vista/Windows 7, Windows 8, UNIX, Linux, OS X)
    - ☐ Das Ordnungssystem am PC (Ordner und Verzeichnisse, Dateinamen, Dateierweiterung wie z. B. *.docx, *.dotx, *.xlsx, *.pptx, *.jpg, *.tif, *.gif, *.exe, *htm, usw.)
    - ☐ Anwendersoftware

Notizen

---

[4] Download des Leistungszielkatalogs: http://www.didact-ika.ch/leistungsziele-ika

- ☐ **Datensicherheit/Datenschutz**
  - ☐ Datensicherheit (Risiken und Massnahmen)
  - ☐ Datensicherung (Sicherungsmedien, Sicherungstechniken, Back-up-Generationen, Sicherungsarten, Vollbackup)
  - ☐ Malware (Viren, trojanische Pferde, Würmer; Hoaxes, Spam E-Mail, Kettenbriefe, Spyware; Phishing)
  - ☐ Schutz vor Viren (Massnahmen)
  - ☐ Datenschutz (Personenschutz, Datenschutzgesetz, Urheberrecht, geistiges Eigentum, Lizenzen)

1.3.1 Techniken, Fertigkeiten

- ☐ **Büroorganisation**
  - ☐ Arbeitsplatzgestaltung (Ergonomie, Büroeinrichtung, Büroökonomie/Ökologie)
  - ☐ Checklisten
  - ☐ Ordnungssysteme (Bezugspunkte)
  - ☐ Ordnungstechnik
  - ☐ Aktenarchive
  - ☐ Aktenwert
  - ☐ Papierformate und Papierqualität

- ☐ **Bürokommunikation**
  - ☐ Kommunikationsmöglichkeiten und Kommunikationsformen
  - ☐ Wahl des Kommunikationsmittels
  - ☐ Telematik
  - ☐ Telekommunikationsgeräte (Modem, Fax, Pager, Videokonferenz)
  - ☐ Internet, Intranet, Extranet, E-Mail (Begriffe: Provider, Browser, HTML, Hyperlink, Top Level Domain, Second Level Domain, Bereich oder Dienst, Protokoll, URL, Firewall, Favoriten)
  - ☐ Internetdienste (z. B. World Wide Web, FTP, Usenet, Newsgroup, Chat, E-Mail)
  - ☐ Zugang zu Internet (Modem, ISDN, ADSL/VDSL, TV-Kabel usw.)
  - ☐ Suchdienste
  - ☐ Elektronische Post (E-Mail: An:, Cc:, Bcc:, Betreff, Attachement usw.), Netiquette

1.3.2 Wirtschaftssprache/schriftliche Kommunikation

- ☐ **Briefgrundmuster**
  - ☐ Seiteneinrichtung, Links-/Rechtsadressierung
  - ☐ Absender, Empfänger, Datum, Betreff, Grussformel, Beilagen
  - ☐ Schreibregeln

- ☐ **Briefdarstellung**
  - ☐ Darstellungsformen (z. B. Betragskolonnen, Kurztitel usw.)

- ☐ **Anforderungen an erfolgreiche Geschäftsbriefe**
  - ☐ Briefdarstellung
  - ☐ Aufbau und Gestaltung

- ☐ **Sprache**
  - ☐ Sprach- und Stilregeln

- [ ] **Kaufen – Verkaufen – Werben**
    - [ ] Anfrage
    - [ ] Angebot
    - [ ] Gegenangebot
    - [ ] Ankündigung

- [ ] **Hindernisse im Vertragsablauf**
    - [ ] Mängelrüge
    - [ ] Antwort auf Mängelrüge
    - [ ] Liefermahnung
    - [ ] Antwort auf Liefermahnung
    - [ ] Zahlungsmahnung
    - [ ] Antwort auf Zahlungsmahnung

- [ ] **Protokoll**
    - [ ] Briefe an Behörden **(nur B-Profil)**
    - [ ] Gesuch, Rekurs, Einsprache
    - [ ] Beschwerde

- [ ] **Persönliche Schriftstücke**
    - [ ] Einladung
    - [ ] Glückwunsch **(nur B-Profil)**
    - [ ] Mitteilung

1.3.3 Textpräsentation – PowerPoint

- [ ] **Planung einer PowerPoint-Präsentation**
    - [ ] Sinn und Zweck einer Präsentation

- [ ] **Präsentation einrichten**
    - [ ] Foliengrösse und Ausrichtung festlegen (Seite einrichten)
    - [ ] Folienmaster bearbeiten (Kopf- und Fusszeilen, Formatierungen, Folienhintergrund, Zeichen- und Absatzformatierungen)
    - [ ] Handzettelmaster, Notizenmaster

- [ ] **Textelemente in Folien**
    - [ ] Text
    - [ ] Aufzählungen, Nummerierung

- [ ] **Präsentation erstellen**
    - [ ] Verschiedene Folien erstellen
    - [ ] Neue Folie, Folie löschen, ausblenden

- [ ] **Gliederungsebenen**
    - [ ] Aufzählungspunkte höher- oder tieferstufen
    - [ ] Aufzählungspunkte verschieben

- [ ] **Folienlayouts**
    - [ ] Tabellen
    - [ ] Diagramme
    - [ ] ClipArts, Grafiken, SmartArt-Grafiken

- [ ] **Tabulatoren**
    - [ ] Arbeiten mit dem Lineal
    - [ ] Tabulatoren

Intensivtraining IKA

☐ **Objekte**

☐ **Zeichnen**
    ☐ Zeichnungsobjekte, einfügen, formatieren, anordnen

☐ **WordArt, Diagramme und ClipArts**
    ☐ Bearbeiten, einfügen

☐ **Bilder, Grafiken**
    ☐ Einfügen, positionieren, zuschneiden
    ☐ Freistellen, Effekte

☐ **Präsentation einrichten und animieren**
    ☐ Präsentationsarten
    ☐ Folien ordnen
    ☐ Bildschirmpräsentation, zielgruppenorientierte Präsentation
    ☐ Übergänge
    ☐ Animationsschema
    ☐ Benutzerdefinierte Animation

☐ **Präsentation drucken**
    ☐ Drucklayout
    ☐ Folien/Handzettel/Notizen

☐ **SmartArt-Grafiken**
    ☐ Bearbeiten, einfügen

☐ **HyperLinks**
    ☐ Bearbeiten, einfügen

☐ **Präsentation speichern**
    ☐ Animation von Objekten und Diagrammen

☐ **Daten aus dem Internet**
    ☐ Text- und Grafikübernahme aus dem Internet, Bearbeitung

1.3.4 Tabellenkalkulation – Excel

☐ **Eingabe in Zellen**
    ☐ Erzwungener Zeilenumbruch mit «ALT»«ENTER»
    ☐ Symbol (Sonderzeichen)
    ☐ Automatisches Ausfüllen

☐ **Zellen formatieren**
    ☐ Schrift (fett, kursiv, unterstrichen usw.)
    ☐ Ausrichtung horizontal (links, rechts, zentriert)
    ☐ Ausrichtung vertikal (oben, unten, zentriert)
    ☐ Schriftorientierung
    ☐ Rahmen
    ☐ Muster
    ☐ Schutz (gesperrt und ausgeblendet)
    ☐ Zahlen (Kommastellen, 1'000er-Trennzeichen, Standard, Währung, Buchhaltung, Prozent, Uhrzeit, Text, Benutzerdefiniert, z. B. 0.0 "kg", TTTT, T.MMMM.JJJJ)

Notizen

- ☐ Zellen verbinden und Zellverbund aufheben
- ☐ Text über mehrere Spalten zentrieren
- ☐ Bedingte Formatierung

☐ **Tabelle formatieren**
- ☐ Zeilenhöhe und Spaltenbreite einstellen
- ☐ Zeilen und Spalten hinzufügen oder löschen
- ☐ Zeilenhöhe und Spaltenbreite optimieren
- ☐ Gitternetzlinien ein- und ausblenden
- ☐ Rahmen und Linien zeichnen und löschen (wie Zelle)
- ☐ Format übertragen

☐ **Seitenlayout**
- ☐ Papierformat wählen
- ☐ Seitenränder festlegen
- ☐ Gitternetzlinien für Ausdruck ein- oder ausblenden
- ☐ Skalierung des auszudruckenden Bereichs
- ☐ Druckbereich definieren
- ☐ Benutzerdefinierte Kopf- und Fusszeilen einfügen/löschen (formatieren, Felder einfügen: Datum, Dateiname usw., Bilddatei einfügen und formatieren)
- ☐ Manuelle Seitenumbrüche einfügen und löschen
- ☐ Seitenumbrüche in Seitenumbruchvorschau anpassen
- ☐ Wiederholungszeilen und -spalten definieren

☐ **Rechnen und Funktionen**
- ☐ Grundoperationen und Vergleichsoperatoren
- ☐ Summe
- ☐ Mittelwert
- ☐ Max
- ☐ Min
- ☐ Anzahl
- ☐ Anzahl2
- ☐ Wenn;Dann;Sonst[5]
- ☐ Runden (Fünferrundung usw.)
- ☐ Rang
- ☐ Zählenwenn
- ☐ Summewenn
- ☐ Prozentrechnung
- ☐ Teilergebnis

☐ **Datums- und Zeitfunktionen**
- ☐ Heute()
- ☐ Jetzt()
- ☐ Einfache Berechnungen mit Zeitangaben («Datum» + Tage, «Zeit» + Stunden, Zeitspanne zwischen zwei Daten)

---

[5] Auch einfache Verschachtelungen mit Wenn-Und, Wenn-Oder. Ebenfalls Wenn-Funktion in Kombination mit einer weiteren Funktion wie z. B. Mittelwert, Runden usw. (z. B.: Wenn(Mittelwert(A1 : A4) > 10; Dann;Sonst)

Intensivtraining IKA

- **Arbeitsmappen**
  - Beschriftung der Register (Tabellenblätter)
  - Register als Gruppen definieren
  - Tabellenblätter/Register verwalten (einfügen, löschen, verschieben, kopieren, ein- und ausblenden)
  - Externe Bezüge (zu Registern und anderen Dateien)
  - Funktionen über Tabellenblätter hinweg

- **Datenbank/Datenlisten**
  - Datenlisten sortieren
  - Datenlisten filtern mit Autofilter (mehrere Autofilter gleichzeitig, benutzerdefinierte Autofilter, Autofilter löschen)

- **Diagramm**
  - Diagramm erstellen (Säulendiagramm, Liniendiagramm, Kreis-/Kuchendiagramm, Punktdiagramm)
  - Diagramm formatieren (lineare Trendlinie, Diagrammbeschriftung, Diagrammfläche, Zeichnungsfläche, Legende, Grössen- und Rubrikenachse, Gitternetzlinien)

- **Sonstiges**
  - Kommentare einfügen und bearbeiten, Relative, absolute und gemischte Bezüge
  - Suchen und ersetzen

1.3.5 Textgestaltung – Word

- **Grundlagen**
  - Neues Dokument, Fliesstext, korrigieren
  - Suchen, ersetzen (Gehe zu …)
  - Kopieren, verschieben, löschen
  - Silbentrennung inklusive geschützter Leerschlag, automatische und manuelle Trennung

- **Zeichenformate**
  - Schriftart, Schriftcharakter, Versalien, Kapitälchen
  - Schreibmaschinenschriften, Druckschriften
  - Serifen (Füsschen), ohne Serifen, proportional, nicht proportional (fixe Buchstabengrösse)
  - Auszeichnungen/Hervorhebungen (z. B. fett, kursiv, unterstrichen, hoch-/tiefgestellt), Grösse
  - Laufweite

- **Absatzformate**
  - Ausrichtung, Einzüge (z. B. links, rechts, zentriert, hängender Einzug/Erstzeileneinzug)
  - Zeilenumbruch (z. B. Return, Shift-Return)
  - Zeilen- und Absatzabstände

- **Seitenformate**
  - Satzspiegel, Seitenränder
  - Kopf- und Fusszeile: Text, Tabelle, Grafik, Feldfunktionen
  - Fussnoten
  - Hoch-/Querformat
  - Seiten- und Abschnittwechsel

- ☐ **Tabulatoren (inkl. Füllzeichen)**

- ☐ **Tabellen**
  - ☐ Erstellen, gestalten, verändern, Zellen verbinden/teilen
  - ☐ Rahmen und Schattierungen, Autoformat
  - ☐ Textausrichtung in Zellen, inkl. Tabulatoren
  - ☐ Tabellen als grafische Objekte in Text einfügen

- ☐ **Grafik**
  - ☐ WordArt, ClipArt (z. B. aus Internet kopiert, gespeichert)
  - ☐ Bilddateien (z. B. positionieren, zuschneiden, Effekte, Transparenz, Textfluss)
  - ☐ Gruppieren, selektieren, verändern
  - ☐ AutoFormen, Textfelder
  - ☐ Organigramme, Diagramme
  - ☐ Drucksachen gestalten (z. B. Flyer, Einladungen)

- ☐ **Aufzählung, Nummerierung**

- ☐ **Spaltensatz**

- ☐ **Vorlagen**

- ☐ **Formatvorlagen, Inhaltsverzeichnis** (zuweisen, ändern, neu erstellen)
  - ☐ Quellenverzeichnis
  - ☐ Abbildungsverzeichnis
  - ☐ Index
  - ☐ Dokumentvorlagen (z. B. Formulare, Checklisten, Telefonnotiz)

- ☐ **Formulare**
  - ☐ Formularfelder inkl. Schutz und Eigenschaften (z. B. Checklisten, Telefonnotizen)

- ☐ **Seriendruck**
  - ☐ Serienbrief mit Bedingungen (Wenn;Dann;Sonst)
  - ☐ Daten filtern und sortieren
  - ☐ Verschiedene Datenquellen (z. B. *.docx, *.txt, *.xlsx, *.mdb, *.accb)
  - ☐ Etiketten (z. B. div. Schilder, Bons)

- ☐ **Zusätzliche Stoffinhalte**
  - ☐ Texte aus dem Internet übernehmen und formatieren
  - ☐ Bilder beschriften
  - ☐ Bilder bearbeiten (künstlerischer Effekt/Farbe/Korrekturen/Position/Anordnung)
  - ☐ Kopf- und Fusszeilen (inkl. Felder, 1. Seite anders, linke/rechte Seite anders, abschnittsbezogen)
  - ☐ Fussnoten/Endnoten
  - ☐ Grafiken einfügen mit allen Layoutoptionen

Notizen

Teil 2 – Übungsserien

Vier QV-Übungsserien

2.1 Die Übungsserien, Aufbau, Notenraster
2.2 Die Gustino AG stellt sich vor
2.3 Die Gustino AG feiert Jubiläum
2.4 Die Gustino AG lanciert ein neues Produkt
2.5 Die Gustino AG evaluiert ein neues Auto
2.6 Sie organisieren einen Ausflug

Intensivtraining IKA

2.1 Die Übungsserien, Aufbau, Notenraster

2.1.1 Einleitung

Beim Qualifikationsverfahren setzt sich die Prüfung aus den folgenden fünf Teilen zusammen:

Aufgabe	Richtziel	Richtzeit	Punkte
A	1.4.6 Textgestaltung	30 Minuten	25
B	1.4.3 Schriftliche Kommunikation	30 Minuten	25
C	1.4.5 Tabellenkalkulation	30 Minuten	25
D	1.4.4 Präsentation	20 Minuten	17
E	**Theoriefragen** 1.4.1 Informationsmanagement und Administration 1.4.2 Grundlagen der Informatik	10 Minuten	8
Total		**120 Minuten**	**100**

Das Notenraster sieht für die Prüfung mit maximal 100 Punkten wie folgt aus:

Punkteraster QV

Erreichte Pt.	Note		Erreichte Pt.	Note
92	6		36	3
83	5.5		27	2.5
74	5		18	2
65	4.5		9	1.5
55	4		1	1
45	3.5			

2.1.1.1 Übungsprüfung

Für unsere Trainingsserien haben wir entschieden, Ihnen die Theoriefragen in elektronischer Form abzugeben, damit Sie unabhängig trainieren können. Sie finden diese unter www.klv.ch/ika-intensivtraining.

Aus diesem Grund fehlt in unseren Übungsserien der Theorieteil, und die erreichbare Punktzahl beträgt maximal 92 Punkte. Wenn Sie die von Ihnen erreichte Note ermitteln wollen, arbeiten Sie nach Belieben 8 Theoriefragen durch und addieren diese Punkte zu Ihrem erarbeiteten Resultat hinzu.

Punkteraster Buch

Falls Sie auf die Theoriefragen verzichten und die Note mit 92 Punkten ermitteln wollen, sieht der Prüfungsaufbau wie folgt aus:

Aufgabe	Richtziel	Richtzeit	Punkte
A	1.4.6 Textgestaltung	30 Minuten	25
B	1.4.3 Schriftliche Kommunikation	30 Minuten	25
C	1.4.5 Tabellenkalkulation	30 Minuten	25
D	1.4.4 Präsentation	20 Minuten	17
Total		**110 Minuten**	**92**

Verwenden Sie das angepasste Punkteraster mit dem Maximum von 92 Punkten:

Erreichte Pt.	Note	Erreichte Pt.	Note
85	6	33	3
76	5.5	25	2.5
68	5	17	2
60	4.5	8	1.5
51	4	1	1
41	3.5		

2.1.1.2 Speichern

Am QV wird Ihnen genau vorgegeben, wo und mit welchem Namen Sie die Dateien speichern müssen. Halten Sie diese Vorgabe genau ein, damit Ihnen keine Punkte abgezogen werden.

Für die Übungen erstellen Sie einen Prüfungsordner und für jede Übungsserie einen Unterordner:

Speicherorte Ihrer Lösungsdateien
Prüfungsordner**Jubiläum**\
Prüfungsordner**Dessert**\
Prüfungsordner**Auto**\
Prüfungsordner**Ausflug**\

Zur Vereinfachung empfehlen wir Ihnen, die notwendigen Rohdateien, Vorlagen und Lösungsdateien gleich zu Beginn vom KLV-Server herunterzuladen und ebenfalls am gleichen Ort zu speichern: www.klv.ch/ika-intensivtraining

Speicherort Rohdateien und Vorlagen   \Prüfungsordner**Prüfungsdateien**\
Speicherort Lösungsdateien   \Prüfungsordner**Lösungen_Buch**\

Intensivtraining IKA

2.2 Die Gustino AG stellt sich vor

2.2.1 Ihr Lehrbetrieb

Die Gustino AG ist eine frei erfundene Cateringfirma. Sie ist irgendwo in der Schweiz beheimatet und hat keinerlei Bezug zu einer bestehenden Firma. Die vier nachfolgenden Übungsprüfungen sind ebenfalls ohne Bezug zu tatsächlichen Gegebenheiten.

Sie sind in der Gustino AG angestellt, topmotiviert und arbeiten gerne für diese innovative und aufstrebende Firma. Sie haben bereits mehr als die Hälfte Ihrer Ausbildung hinter sich und können von Ihrem Arbeitgeber vielseitig eingesetzt werden.

Arbeitsort/Firma   Gustino AG, kreative Küche für kleine Budgets
                             Catering Services
                             Delikatessenweg 2
                             7001 Züri-Nordwest
                             Tel.: 053 678 00 01

Das Firmenlogo

2.3 Die Gustino AG feiert Jubiläum

2.3.1 Einleitung

2.3.1.1 Speichern

Erstellen Sie in Ihrem Prüfungsordner einen Unterordner mit der Bezeichnung **Jubiläum.** Darin legen Sie Prüfungsdateien ab. Am Schluss haben Sie folgende Dokumente:

Prüfungsordner\Jubiläum**Nachname_Vorname_Word_Flyer.docx**
Prüfungsordner\Jubiläum**Nachname_Vorname_Word_Etiketten.docx**
Prüfungsordner\Jubiläum**Nachname_Vorname_Word_Etiketten_fertig.docx**
Prüfungsordner\Jubiläum**Nachname_Vorname_Brief.docx**
Prüfungsordner\Jubiläum**Nachname_Vorname_Excel.xlsx**
Prüfungsordner\Jubiläum**Nachname_Vorname_PowerPoint.pptx**

2.3.1.2 Ausgangslage für das Firmenjubiläum

Die Gustino AG feiert in diesem Jahr ihr 25-jähriges Bestehen. Aus diesem Grund findet ein grosses Fest mit einem Tag der offenen Tür statt. Als Mitarbeiter der Marketingabteilung sind Sie für die Organisation der Feierlichkeiten auf dem Firmengelände verantwortlich.

Sie erstellen eine PowerPoint-Präsentation, mit der Sie die Geschichte der Gustino AG vorstellen. Zudem schreiben Sie eine Einladung mit einem Anmeldeformular und erstellen die Namensschilder der Teilnehmerinnen und Teilnehmer.

Sie helfen Ihrer Vorgesetzten im Programm Excel bei der Erfassung der Arbeitsstunden und beim Auswerten von Daten für den Anlass.

2.3.2 Aufgabe A – Textgestaltung

2.3.2.1 Flyer mit Anmeldetalon erstellen

Zur Jubiläumsfeier laden Sie die Einwohner von Züri-Nordwest ein. Sie erstellen einen Flyer mit integriertem Anmeldetalon, den Sie an alle Haushalte verschicken. Weiter fertigen Sie für die Besucherinnen und Besucher sowie die Mitarbeitenden Namens-Klebeetiketten an.

2.3.2.2 Aufgabenstellung

Richtzeit: 30 Minuten/Punkte: 25

Aufgabe	Punkte
Öffnen Sie die Datei **Jubiläum_Word_Rohdatei.docx**. Speichern Sie dieses in Ihrem Prüfungsordner unter dem Namen **Nachname_Vorname_Word_Flyer.docx**. Ihre Lösung soll der Musterdatei **Jubiläum_Word_Vorlage.pdf** entsprechen. Das horizontale Ausrichten von Texten mithilfe von Leerschlägen gilt nicht als richtige Lösung. Verwenden Sie je nach Fall Tabulatoren, Einzüge, Tabellen oder entsprechende Absatzformate. Beachten Sie folgende Anweisungen zur Gestaltung des Flyers:	
1. Stellen Sie die Seitenränder wie folgt ein: Oben 0.5 cm, unten, links und rechts je 1 cm.	1
2. Formatieren Sie den gesamten Text **vor** «Anmeldung Betriebsführung» mit der Schrift Segoe UI 18 Pt., Ausrichtung linksbündig, Zeilenabstand mehrfach 1.2, Absatzabstand vor und nach je 0.8 cm.	1
3. Weisen Sie der ersten Zeile «Tag der offenen Tür!» die Formatvorlage «Haupttitel» zu. Diese Formatvorlage müssen Sie zuerst einblenden.	1
4. Ändern Sie die Formatvorlage «Haupttitel» wie folgt ab: Schriftart Segoe UI, Schriftgrösse 36 Pt. Schriftfarbe Orange, Akzent 6, dunkler 25%, linksbündig.	1
5. Legen Sie das Logo der Gustino AG (Jubiläum_Word_Logo.jpg) aus dem Prüfungsordner als Wasserzeichen fest. Skalieren Sie es auf 50%.	2
6. Die Grafik in der rechten oberen Ecke ist nur teilweise sichtbar. Ein Teil wurde abgeschnitten. Nehmen Sie die notwendigen Schritte vor, damit die gesamte Grafik angezeigt wird.	1
7. Legen Sie die Höhe der Grafik in der rechten oberen Ecke bei gesperrtem Seitenverhältnis auf 4 cm fest. Positionieren Sie diese Grafik anschliessend horizontal -0.6 cm rechts vom Seitenrand und vertikal -1.4 cm unterhalb des Seitenrandes.	2
Speichern Sie Ihre Datei und fahren Sie weiter. Beachten Sie bei der Gestaltung des unteren Teils (Anmeldetalon) sowohl die Vorlage als auch die folgenden Informationen:	
8. Formatieren Sie wie folgt: – Die Wörter «Anmeldung Betriebsführung» mit der Schrift Segoe UI 18 Pt. – Den Anmeldetalon-Bereich von «Über Ihre Anmeldung» ... bis «20 Uhr» mit der Schrift Segoe UI und 11 Pt. – Die Wörter «Bitte zutreffendes Kästchen ankreuzen» mit der Schrift Segoe UI 9 Pt., kursiv. – Die Absatzabstände vor und nach sind im ganzen Anmeldetalon-Bereich auf 0 Pt. zu setzen.	2
9. Legen Sie für den Bereich von «Vorname» bis «Mail» einen Zeilenabstand von 1.5 Zeilen fest. Der Zeilenabstand im übrigen Bereich ist auf «einfach» zu setzen.	1

Aufgabe	Punkte
10. Fügen Sie nun die Trennlinie mit Schere ein: Die Tabulator-Positionen sind im Bereich der Trennlinie mit Füllzeichen auf 10 cm sowie auf 19 cm zu setzen. Die Schere fügen Sie via dem Register Einfügen, Gruppe Symbol, Schriftart Wingdings ein.	1
11. Gestalten Sie den Bereich «Vorname» bis «Mail» gemäss Vorlage. Die Tabulatoren weisen folgende Positionen auf: 2 cm, 9 cm, 10 cm, 12 cm und 19 cm.	1
12. Gestalten Sie die Zeitangaben. Die Kästchen mit den Zeitangaben sind gemäss der Vorlage auf dieselbe Position zu setzen wie die Tabulatoren in Aufgabe 11. **Speichern und schliessen Sie Ihre Datei.**	2

2.3.2.3 Namensschilder auf Etikettenbögen

Aufgabe	Punkte
Die Etiketten für die Feier erstellen Sie mittels Seriendruck. Als Datenquelle dient Ihnen die Datei **Jubiläum_Word_Adressen.xlsx**.	
13. Erstellen Sie eine neue Word-Datei und speichern Sie diese unter dem Namen **Nachname_Vorname_Word_Etiketten.docx**. Diese Datei ist nun das **Hauptdokument**.	1
14. Starten Sie den Seriendruck für Etiketten und wählen Sie den Etikettenhersteller «Avery Zweckform» und die Etikettennummer «3490». Verknüpfen Sie das Hauptdokument mit der Datenquelle (Tabelle 1).	2
15. Fügen Sie auf der ersten Zeile die Seriendruckfelder für Vorname, Nachname ein. Wenn die Person ein Mitarbeitender der Gustino AG ist, dann steht auf der zweiten Zeile «Gustino AG», sonst bleibt die zweite Zeile leer. In der Adressdatei gibt es dafür ein Feld mit dem Namen «Mitarbeiter». Dort steht entweder «Ja» oder «Nein».	1
16. Wählen Sie die Schrift: Segoe UI, Grösse 13 Pt. Stellen Sie den Zeilenabstand auf 1.5 Zeilen ein.	1
17. Filtern Sie die Empfängerliste so, dass nur Etiketten für die Personen gedruckt werden, die sich angemeldet haben. Sortieren Sie die Etiketten aufsteigend nach Mitarbeiter und dann nach Nachname. Speichern Sie nochmals das Hauptdokument.	2
18. Führen Sie einen Seriendruck in ein neues Dokument durch und speichern Sie die neue Datei mit den Etiketten unter **Nachname_Vorname_Word_Etiketten_fertig.docx**. **Speichern und schliessen Sie beide Dateien.**	2

2.3.3 Aufgabe B – schriftliche Kommunikation

2.3.3.1 Ausgangslage

Für Ihre wichtigsten Kunden und für alle Mitarbeitenden haben Sie bereits eine Einladung für die Jubiläumsfeier gestaltet. Zusätzlich laden Sie nun die Bevölkerung zum Tag der offenen Tür ein.

2.3.3.2 Aufgabenstellung

Richtzeit: 30 Minuten/Punkte: 25

Schreiben Sie einen Einladungsbrief, den Sie später zusammen mit dem Flyer versenden.

Ziel Möglichst viele Personen aus der Bevölkerung sollen an Ihrer Feier teilnehmen, wodurch der Werbeeffekt für die Gustino AG maximiert wird.

Bauen Sie folgende Inhalte ein:

- Vorstellung der Unternehmung (Gründungsjahr, Tätigkeit usw.)
- Datum, Ort und Zeit der Feier (siehe Flyer)
- Mitteilung, dass um 15.00, 17.00, 18.00 und 20.00 Uhr Führungen stattfinden
- Hinweis auf spezielle Aktionen im Jubiläumsjahr.

Die Absenderdaten lauten:

Gustino AG, kreative Küche für kleine Budgets
Catering Services
Delikatessenweg 2
7001 Züri-Nordwest

Der Brief wird später mit der Post an alle Haushaltungen der Gemeinde verteilt. Daher lautet der Empfänger einheitlich:

An die Bevölkerung
von Züri-Nordwest

Speichern Sie Ihren Brief in Ihrem Prüfungsordner unter dem Namen
Nachname_Vorname_Brief.docx.

Schreiben Sie den Brief gemäss den an Ihrer Schule erlernten Briefnormen (versandfertiger Brief).

(Info: Je nach Vorgabe der Schule müssen Sie den Brief ausdrucken, unterschreiben und mit dem Prüfungsdossier abgeben.)

Fügen Sie Ihren Nachnamen und Vornamen in die Fusszeile ein (8 Pt.).

2.3.4 Aufgabe C – Tabellenkalkulation

2.3.4.1 Ausgangslage

Die Jubiläumsfeier beginnt in zwei Monaten. Sie bereiten für alle Mitarbeitenden eine Arbeitszeiterfassung vor, um den Aufwand am Schluss auszuwerten. Sie berechnen die Kosten dieser Stunden. Für das Jubiläum nehmen Sie diverse Auswertungen in Bezug auf Mitarbeiter und Kunden vor, die Ihre Vorgesetzte als Planungsgrundlage für den Anlass benötigt.

2.3.4.2 Aufgabenstellung

Richtzeit: 30 Minuten/Punkte: 25

Aufgabe	Punkte
Öffnen Sie die Datei Jubiläum_Excel_Rohdatei.xlsx. Speichern Sie diese in Ihrem Prüfungsordner unter dem Namen **Nachname_Vorname_Excel.xlsx**. Wählen Sie das Tabellenblatt Überstunden.	
1. B6:B28 Hier soll automatisch der Wochentag des Datums aus Spalte A angezeigt werden. Die Wochentage sollen ausgeschrieben sein (Montag, Dienstag, …).	2
2. G6:G28 Berechnen Sie das Total der Arbeitszeit des jeweiligen Tages.	1
3. H6:H28 Übernehmen Sie die Sollzeit mithilfe eines Zellbezuges zur Zelle E1. Achten Sie darauf, dass Sie die Formel von Zelle H6 in die Zellen H7 bis H28 kopieren können.	1
4. G30 und H30 Berechnen Sie das Total der Arbeitszeit und das Total der Sollzeit für den ganzen Monat. Formatieren Sie die Stunden so, dass auch Zahlen über 24 dargestellt werden.	2
5. H32 Falls das Total der Arbeitszeit grösser ist als das Total der Sollzeit, berechnen Sie hier die Überzeit, sonst soll 0 stehen. Die Auswertung soll mit einer Wenn-Funktion automatisch geschehen. Achten Sie auf die Formatierung.	2
6. H33 Falls das Total der Sollzeit grösser ist als das Total der Arbeitszeit, berechnen Sie hier die Minuszeit, sonst soll 0 stehen. Die Auswertung soll mit einer Wenn-Funktion automatisch geschehen. Achten Sie auf die Formatierung.	2
7. F6:F28 Formatieren Sie die Zellen so, dass die Schrift automatisch rot wird, wenn der Arbeitstag nach 18:00 Uhr beendet ist. Wählen Sie das Tabellenblatt **Mitarbeiter_1**	1

Aufgabe	Punkte
8. H8:H108 Berechnen Sie mithilfe einer Formel den Betrag, der jedem Mitarbeitenden für die geleisteten Überstunden (Spalte G) ausbezahlt wird. Den Stundenansatz finden Sie in der Zelle G2. Rechnen Sie mit dieser Zelle.	2
Wählen Sie das Tabellenblatt **Mitarbeiter_2**	
9. I8:I108 Runden Sie die Beträge von Spalte H auf 5 Rappen genau.	1
10. B3:B4 Um die Garderobenfrage zu klären, müssen Sie noch wissen, wie viele Frauen bzw. Männer bei Ihrem Unternehmen arbeiten. Berechnen Sie dies mit geeigneten Funktionen.	1
11. C3:C4 Für die Auswertung benötigen Sie die Totale der Überstundenbeträge (Spalte H, ungerundet). Berechnen Sie das Total für die Männer und das Total für die Frauen. Setzen Sie geeignete Funktionen ein.	1
Wählen Sie das Tabellenblatt **Kunden_1**	
12. B31 Berechnen Sie das Total der Kunden mit einer Funktion.	1
13. C3:C29 Berechnen Sie den Prozentanteil des jeweiligen Kantons im Verhältnis zum Total. Achten Sie darauf, dass die Formel kopierbar ist. Formatieren Sie die Zellen mit Prozent und einer Dezimalstelle.	2
14. Sortieren Sie die Liste absteigend nach Anzahl Kunden/Kanton und innerhalb nach Name des Kantons (A bis Z).	1
Wählen Sie das Tabellenblatt **Kunden_2**	
15. Erstellen Sie ein 2D-Kreisdiagramm der sechs umliegenden Kantone von Zürich-Nordwest, das die Anzahl der Kunden pro Kanton darstellt. Als Hilfe dient Ihnen die Musterdatei **Jubiläum_Excel_Vorlage_Kreisdiagramm.pdf.** Folgen Sie den Anweisungen der folgenden Aufgaben:	1
16. Verschieben Sie Ihr Diagramm auf ein eigenes Tabellenblatt (benannt Kundenherkunft). Löschen Sie die Legende.	1
17. Versehen Sie Ihr Diagramm mit einem Titel über dem Diagramm, der mithilfe eines Zellbezugs auf die Zelle A1 im Tabellenblatt Kunden_2 verweist.	1
18. Versehen Sie die Datenpunkte mit Datenbeschriftungen. Beachten Sie Folgendes: – Auf zwei Zeilen den Rubriknamen und den Prozentsatz. – Die Prozentangaben sind mit einer Dezimalstelle dargestellt. – Die Datenbeschriftungen sind mit der Option «Ende innerhalb» dargestellt. – Die Datenbeschriftungen sind mit einer weissen Füllung formatiert. – Schrift: Segoe UI 14 Pt., fett.	2
Speichern und schliessen Sie die Datei.	

2.3.5 Aufgabe D – Präsentation

2.3.5.1 Ausgangslage

Sie erstellen für den Tag der offenen Tür eine selbst ablaufende Präsentation, die mittels Beamer auf einer Grossleinwand in der Lagerhalle während des Tages gezeigt wird. Der Junior-Chef hat bereits einen Entwurf einer Präsentation mit einigen Texteinträgen angefertigt. Er bittet Sie, diese gemäss nachfolgenden Angaben zu vervollständigen.

2.3.5.2 Aufgabenstellung

Richtzeit: 20 Minuten/Punkte: 17

Aufgabe	Punkte
Öffnen Sie die Datei **Jubiläum_PowerPoint_Rohdatei.pptx**. Speichern Sie diese in Ihrem Prüfungsordner unter dem Namen **Nachname_Vorname_PowerPoint.pptx** Ihre Lösung soll der Musterdatei **Jubiläum_PowerPoint_Vorlage.pdf** entsprechen. **Folienmaster** Ändern Sie den Folienmaster gemäss folgenden Angaben ab:	
1. **Überschriften** Bei allen **Titelmasterformaten** Schriftart: Segoe UI, fett, Schriftgrösse: 40 Pt. Schriftfarbe (ausser beim Layout Titelfolie): Blaugrün, Akzent 3, dunkler 50 %. **Texte** Bei allen Text- und Untertitelmasterformaten Schriftart: Segoe UI, Schriftgrösse: 25 Pt. Schriftfarbe: Blaugrün, Akzent 3, dunkler 50 %.	2
2. **Fusszeile und Datum** Bei allen Fusszeilen/Datum Schriftart: **Segoe UI,** Schriftgrösse: 12 Pt., fett Schriftfarbe: Weiss. **Firmenlogo** Fügen Sie das Firmenlogo **Jubiläum_PowerPoint_Logo.jpg** auf dem Folienmaster (ausser beim Titelfolienmaster) ein. Ändern Sie die Höhe des Logos auf 2.5 cm. Positionieren Sie das Logo von der oberen linken Ecke aus gesehen: horizontal 20.9 cm und vertikal 0.7 cm. Verändern Sie die **Platzhalter der Überschriften** auf allen Layouts des Folienmasters so, dass sie nicht das Logo überdecken. Schliessen Sie den Folienmaster.	2

Aufgabe	Punkte
3. **Kopf-/Fusszeilen-Eintrag** **Fusszeile** Tragen Sie in die Fusszeile Ihren Vornamen und Namen ein. **Datum** Es soll immer das automatisch aktualisierte Datum im Format **8. November 20xx** angezeigt werden. Die Einträge sollen auf allen Folien ausser der Titelfolie sichtbar sein.	1
4. **Folie 2** (Firmengeschichte) Ändern Sie für die Texte in der Absatzeinstellung den Abstand vor und nach auf jeweils 6 Pt. und den Zeilenabstand auf das Mass «Mehrere 1.25».	1
5. **Folie 3** (Unser Angebot) **Aufzählungszeichen** Ändern Sie die bestehenden Aufzählungszeichen. Benutzen Sie das Bild **Jubiläum_PowerPoint_Kochhut.gif.** Verändern Sie die Grösse der Aufzählungszeichen auf 200 % der Textgrösse. Ändern Sie für die Texte in der Absatzeinstellung den Abstand vor und nach auf jeweils 12 Pt. und den Zeilenabstand auf das Mass «Mehrere 1.25». Zusätzlich verändern Sie den Einzug vor dem Text und den hängenden Einzug auf jeweils 1.5 cm.	2
6. **Text kopieren** Für die Folie 4 kopieren Sie Text aus der Word-Datei **Jubiläum_PowerPoint_Texte.docx** gemäss den folgenden Angaben: **Text** Kopieren Sie den **gelb hinterlegten Text.** Fügen Sie diesen auf der Folie im linken Textplatzhalter ein. Verwenden Sie beim Einfügen das Zieldesign. Ändern Sie für die Texte in der Absatzeinstellung den Abstand vor und nach auf jeweils 6 Pt. **Bild** Benutzen Sie im rechten Platzhalter das Icon *Grafik aus Datei* einfügen, um das Bild **Jubiläum_PowerPoint_CateringBuffet.jpg** einzufügen. Ändern Sie die Breite des Bildes auf 11 cm. Positionieren Sie das Bild von der Mitte der Folie aus gesehen (zentriert): horizontal 0.6 cm und vertikal –2.5 cm.	2
7. **Tabelle und Diagramm** Die Zahlen für die Tabelle und das Diagramm auf **Folie 5** finden Sie in der Excel-Tabelle **Jubiläum_PowerPoint_UmsatzPersonal.xlsx.** Fügen Sie im linken Platzhalter eine Tabelle mit drei Spalten und elf Zeilen ein. Kopieren Sie in der Excel-Datei **die Texte und Zahlen** und fügen Sie diese in die eben erstellte Tabelle. Formatieren Sie die Texte und Zahlen wie folgt: Schriftart: Segoe UI, Schriftgrösse: 16 Pt., fett. Das Diagramm auf der rechten Seite importieren Sie ebenfalls aus der Excel-Datei. Sie finden es im Register Grafik. Verwenden Sie beim Einfügen die Option «Zieldesign verwenden».	2

Aufgabe	Punkte
8. **Folie 6** (Bildergalerie) In Folie 6 fügen Sie zwei Bilder ein. Verändern und animieren Sie diese gemäss den folgenden Angaben: Fügen Sie die beiden Bild-Dateien **Jubiläum_PowerPoint_Catering1.jpg** und **Jubiläum_PowerPoint_Catering2.jpg** auf der Folie ein. Ändern Sie die Breite beider Bilder auf jeweils 15 cm. Platzieren Sie die beiden Bilder nach eigenem Belieben (die Bilder überlappen sich, das **Bild Jubiläum_PowerPoint_Catering1** [Muscheln] liegt hinter dem Bild **Jubiläum_PowerPoint_Catering2** [Party-Zelt]). **Bilder animieren** Animieren Sie beide Bilder mit dem Eingangseffekt Verblassen. Dauer: zwei Sekunden. Die Animation muss automatisch starten. Das zweite Bild Party-Zelt erscheint mit einer Verzögerung von drei Sekunden.	2
9. **Folienübergang** Für alle Folien wählen Sie einen Übergang Ihrer Wahl. Alle Folien sollen jeweils automatisch nach vier Sekunden gewechselt werden, ausser die Folie 6; diese nach zwölf Sekunden.	2
10. **Abschlussarbeiten** Da diese Präsentation während des Tags der offenen Tür ohne Unterbruch laufen soll, stellen Sie dies entsprechend ein. **Speichern und schliessen Sie alle Dateien.**	1

Intensivtraining IKA

2.4 Die Gustino AG lanciert ein neues Produkt

2.4.1 Einleitung

2.4.1.1 Speichern

Erstellen Sie in Ihrem Prüfungsordner einen Unterordner mit der Bezeichnung **Dessert.** Dort legen Sie alle Prüfungsdateien ab. Am Schluss haben Sie folgende Dokumente:

Prüfungsordner\Dessert**Nachname_Vorname_Word.docx**
Prüfungsordner\Dessert**Nachname_Vorname_Brief.docx**
Prüfungsordner\Dessert**Nachname_Vorname_Excel.xlsx**
Prüfungsordner\Dessert**Nachname_Vorname_PowerPoint.pptx**

2.4.1.2 Ausgangslage für das neue Dessert

Die Firma Gustino reagiert auf Trends bei der Ernährung. Immer mehr Leute ernähren sich vegetarisch oder sogar vegan – verzichten also unter Umständen gänzlich auf tierische Produkte. Andere sind allergisch auf Milch, Nüsse oder Mehl (Zöliakie). Darum hat Gustino ein Marroni-Dessert entwickelt, das all dem gerecht wird. Diese Produktneuheit gilt es, bei Händlern und Endverbrauchern gleichermassen bekannt zu machen.

2.4.2 Aufgabe A – Textgestaltung

2.4.2.1 Ausgangslage

Sie unterstützen die Marketingabteilung bei der Endgestaltung des Produktflyers. Dabei kommen Ihnen Ihre IKA-Kompetenzen in der Textgestaltung zugute: Sie überarbeiten den unformatierten Textentwurf des Verkaufsleiters.

2.4.2.2 Aufgabenstellung

Richtzeit: 30 Minuten/Punkte: 25

Aufgabe	Punkte
Öffnen Sie die Datei **Dessert_Word_Rohdatei.docx**. Speichern Sie diese in Ihrem Prüfungsordner unter dem Namen **Nachname_Vorname_Word.docx**.	
Ihre Lösung soll der Musterdatei **Dessert_Word_Vorlage_Textgestaltung.pdf** entsprechen.	
Entfernen Sie sämtliche Texthervorhebungsfarben (Textmarker) im Text, sobald Sie die entsprechenden Abschnitte bearbeitet haben.	

Aufgabe	Punkte

1. **Seiteneinstellung**
• Titelblatt ohne Kopf-/Fusszeile
• Kopfzeile mit **Dessert_Word_Bild_Logo Gustino:**
  – 2 cm Breite
  – Zeilenumbruch passend
  – Ausrichtung rechts (nicht mit Drag and Drop!)
• Fusszeile
  – Seitennummerierung auf geraden Seiten links, auf ungeraden Seiten rechts (ohne 1. Seite)
  – Schrift Segoe UI, 8 Pt.
  – Schriftfarbe gelbbraun, Hintergrund 2, dunkler 50 %
	4

2. **Titelseite**
• Logo Dessert_Word_Bild_Logo Gustino:
  – Breite 8 cm
  – Zeilenumbruch passend
  – Ausrichtung Mitte
• Zwischentitel «Neu: Marroni-Dessert»
  – Segoe 16 Pt., kursiv, fett, zentriert
  – gelbbraun, Hintergrund 2, dunkler 50 %
• Textfeld «vegan» einfügen:
  – Schrift Segoe UI 20 weiss
  – Füllung gelbbraun, Hintergrund 2, dunkler 50 %
  – Breite 3 cm, Höhe 1.5 cm
  – Kein Rahmen
  – Schatten aussen: Offset diagonal unten links, diagonal aussen links
  – Spiegelung: volle Spiegelung, 4 Pt. Offset
  – Abschrägung: Kreis
• Bild Dessert_Word_Bild_Marronidessert.jpg
  – 10 cm Breite
  – Zeilenumbruch passend, Ausrichtung zentriert
  – Künstlerischer Effekt «Plastikfolie»
	5

3. Weisen Sie dem Text gemäss der Vorlage Dessert_Word_Vorlage.pdf die folgenden vordefinierten **Formatvorlagen** zu: • Standardschrift Segoe UI, 11 Pt. • Überschrift 1 für die gelb markierten Überschriften • Überschrift 2 für die blau markierten Überschriften • Überschrift 3 für die grün markierten Überschriften • Titel gemäss Vorlage nummerieren und gliedern	2
4. **1. Abschnitt** mit 2 Spalten, mit 0.5 cm Abstand zwischen den Spalten, mit Zwischenlinien.	2
5. **Rosa markierter Text:** Als Fussnote den folgenden Text abtippen und formatieren: • Vegetarier essen nichts vom «toten Tier», während Veganer auf sämtliche tierischen Produkte verzichten. • Formatformatierung: Segoe UI, Schriftgrösse 8 Pt.	1
6. **Bild Dessert_Word_Bild_Allergien einfügen:** 5 cm Breite, Zeilenumbruch passend, Ausrichtung links, Platzierung gemäss Vorlage.	2
7. **Hyperlink** http://www.vegan.ch/bei «Vegane Gesellschaft Schweiz» einfügen.	1

Aufgabe	Punkte
8. **Text in Tabelle umwandeln** • Einzug rechts 1.5 cm • Spaltenbreite 1.5 cm und 4.5 cm • Schriftgrösse 9 Pt., Zellbegrenzung auf allen Seiten 0.1 cm • Layout «helle Liste»	4
9. **Tabulatoren: 2 Rezepte anpassen** • Geschützten Leerschlag zwischen Ziffern und Mengenangaben einfügen. • Linksbündiger Tabulator bei 1.5 cm, Einzug links bei 6 cm, Abstand nach 6 Pt. – Vorlage beachten!	3
10. Automatische **Silbentrennung:** Silbentrennzone auf 0.25 cm einstellen.	1

Speichern und schliessen Sie Ihre Datei.

2.4.3 Aufgabe B – schriftliche Kommunikation

2.4.3.1 Ausgangslage

Sie arbeiten in der Marketingabteilung der Gustino AG. Ihre Firma hat eine neue Delikatesse kreiert. Dabei handelt es sich um ein ganz spezielles Dessert.

Das Marroni-Dessert besteht ausschliesslich aus veganen Zutaten, es enthält also weder Milch noch Eier oder Gelatine. Damit können nicht nur Gesundheitsbewusste und Vegetarier die Süssigkeit geniessen, sondern alle, die auf tierische Bestandteile im Essen verzichten wollen. Die Gustino AG wird ihr neues Produkt ab sofort mit einer grossen Aktion zum Verkauf anbieten.

2.4.3.2 Aufgabenstellung

Richtzeit: 30 Minuten/Punkte: 25

Verfassen Sie einen ansprechenden **Werbebrief.** Dieser richtet sich an mögliche Kunden. Ziel ist es, die Kunden in die Filialen zu locken, damit sie das neue Produkt ausprobieren und kaufen. Der Brief beinhaltet mindestens:

- Hinweis auf das neue Veganer-Marroni-Dessert
- Hinweis auf die Vorzüge des neuen Produkts (Gesundheit und Genuss in einem)
- Hinweis auf den sofortigen Verkaufsstart in allen Verkaufsstellen mit Gustino-Produkten (Die Detailhändler sind auf der Website www.gustino.ag zu finden)
- Hinweis auf die Möglichkeit, ein Müsterchen des Produkts gratis zu testen
- Hinweis auf die einmalige Einführungsaktion im ersten Monat zum halben Preis von CHF 2.20 statt CHF 4.40

Öffnen Sie die Datei
Dessert_Wirtschaftssprache_Briefvorlage.docx
Speichern Sie diese in Ihrem Prüfungsordner unter dem Namen
Nachname_Vorname_Brief.xlsx

Aktualisieren Sie respektive ergänzen Sie die roten Textstellen und schreiben Sie anschliessend den Brief gemäss den an Ihrer Schule erlernten Briefnormen (versandfertiger Brief).
(Info: Je nach Vorgabe der Schule müssen Sie den Brief ausdrucken, unterschreiben und mit dem Prüfungsdossier abgeben.)

Erstellen Sie eine Fusszeile (8 Pt.) mit Ihrem Nachnamen, Vornamen.

2.4.4 Aufgabe C – Tabellenkalkulation

2.4.4.1 Ausgangslage

Für die Festlegung des Verkaufspreises unseres neuen Desserts muss die Gustino AG anhand der Entwicklungs- und Produktionskosten Berechnungen anstellen.

Für das Jahr 20xx liegen uns bereits die Bestellungen der Detailhändler vor, die unser Produkt verkaufen wollen. Mit jedem Detailhändler wurde ein Preis verhandelt. Daraus lässt sich der Gewinn für unser erstes Verkaufsjahr berechnen.

2.4.4.2 Aufgabenstellung

Berechnen Sie alle Aufgaben jeweils mit kopierfähigen Formeln und Funktionen. Arbeiten Sie ständig mit Zellbezügen.

Richtzeit: 30 Minuten/Punkte: 25

Aufgabe	Punkte
Öffnen Sie die **Datei Dessert_Excel_Rohdatei.xlsx.** Speichern Sie diese in Ihrem Prüfungsordner unter dem Namen **Nachname_Vorname_Excel.docx.**	
Wechseln Sie ins Tabellenblatt **Stundenblatt Chefkoch.** Sie bekommen den Auftrag, anhand des Stundenblattes die Lohnkosten der drei Chefköche für die Entwicklungsphase des neuen Produktes zu berechnen. Die Köche haben zwei Wochen an der Erstellung des neuen Desserts gearbeitet. Die gearbeiteten Zeiten sind bereits berechnet. Sie müssen die Berechnungen in den orangen Zellen durchführen.	
1. **Spalte E** Berechnen Sie die Lohnkosten mit der Arbeitszeit des Tages. Für die «Lohnkosten» gehen Sie von der Spalte «Stunden pro Tag» aus. Beachten Sie für die Berechnung der Lohnkosten den Chefkoch des Tages. Berechnen Sie die Lohnkosten mit der geeigneten Funktion. Alle Berechnungen müssen mit einer einzigen Formel berechnet werden.	3

Aufgabe	Punkte
2. **E18:E20** Summieren Sie das Total jedes Chefkochs. Verwenden Sie dazu die entsprechende Funktion.	2
3. **E22** Berechnen Sie das Total der Löhne der Chefköche.	1
4. Formatieren Sie alle Frankenbeträge mit «CHF» linksbündig, Tausendertrennzeichen und zwei Dezimalstellen (gilt für alle Tabellenblätter).	1
5. Wechseln Sie nun ins Tabellenblatt ***«Bestellungen 20xx»***, wo Sie in der Zelle B18 das Total der bereits bestellten Menge ausrechnen.	1
6. Berechnen Sie in der Spalte D den Bestellwert.	1
7. In der Spalte E berechnen Sie den prozentualen Anteil vom Bestellwerttotal. Lassen Sie die Lösungen mit %-Zeichen und zwei Dezimalstellen anzeigen.	1
8. Den Rabatt in der Spalte F errechnen Sie anhand der unten stehenden Vorgaben: Liegt die Bestellmenge eines Detailhändlers über 8000 Stück 4.2 % Rabatt (Bezug auf Zelle G6) über 2000 Stück 2.8 % Rabatt (Bezug auf Zelle G5) unter 2000 Stück 0 % Rabatt *Notfalldaten: Gelingt Ihnen das Berechnen nicht, tragen Sie überall einen Prozentsatz von 3,5 % ein.*	2
9. Berechnen Sie in der Spalte G den Rabatt in Franken und in der Spalte H das Total nach Abzug des Rabatts.	2
10. Für die Lieferung müssen die Desserts in 500er-Schachteln verpackt werden. Pro Verpackungsschachtel verrechnen wir dem Kunden CHF 10.–. Berechnen Sie die Spalte I.	1
11. Mit den Kosten des Verpackungsmaterials berechnen Sie die Spalte J.	1
12. In der Spalte K wird das Skonto abgerechnet. Dem Kunden gewähren wir 2 % (J6). Berechnen Sie die Spalte K und in der Zelle K18 das Total.	1
13. Wechseln Sie nun ins Tabellenblatt ***«Verkaufspreis»***. Übertragen Sie aus den entsprechenden Tabellenblättern den ***«Lohn Köche»*** in Zelle A7, die ***«total bestellte Menge»*** in H7 und in H9 das ***«Total Umsatz»*** (blaue Zellen). *Fehlen Ihnen diese Zahlen, übernehmen Sie für die weiteren Berechnungen die folgenden Notfalldaten:* Löhne Köche Total bestellte Menge Total Umsatz CHF 9'000 38'000 CHF 100'000 	*Löhne Köche*	*Total bestellte Menge*	*Total Umsatz*
---	---	---
CHF 9'000	*38'000*	*CHF 100'000*		1
14. Berechnen Sie die Zellen D7 und G7.	1

Aufgabe	Punkte
15. In der Zelle H10 berechnen Sie die gesamten Kosten (Entwicklungs- und Produktionskosten) bei der in H7 vorgegebenen Produktionsmenge.	2
16. Berechnen Sie den Gewinn in der Zelle H11.	1
17. Erstellen Sie ein Kreisdiagramm, das die prozentuale Aufteilung der bestellten Menge der verschiedenen Detailhändler darstellt. Als Hilfe dient Ihnen die Musterdatei **«Dessert_Excel_Vorlage.pdf»**.	1
18. Verschieben Sie Ihr Diagramm in ein eigenes Tabellenblatt – benannt **Diagramm Detailhändler.**	1
19. Titel: Arial 20 Pt., über dem Diagramm Datenbeschriftung gemäss Vorlage, Arial 14 Pt. Grösster Wert: Punktexplosion 30 % **Speichern und schliessen Sie Ihre Datei.**	1

2.4.5 Aufgabe D – Präsentation

2.4.5.1 Ausgangslage

Das neu entwickelte Produkt soll an der 4Food-Ausstellung präsentiert werden. Die Präsentation läuft an einem Bildschirm, im Endlosbetrieb.

Ein Mitarbeiter hat die Präsentation der neuen Produktlinie bereits vorbereitet. Ihre Vorgesetzte beauftragt Sie, die begonnene Präsentation anzupassen und fertigzustellen.

2.4.5.2 Aufgabenstellung

Die Ausstellung 4Food rückt näher, und die Änderungen Ihrer Vorgesetzten sollen ausgeführt werden. Für die Anpassungen haben Sie eine Vorlage erhalten, die Sie umsetzen sollen.

Richtzeit: 20 Minuten/Punkte: 17

Aufgabe	Punkte
Öffnen Sie die Datei **Dessert_PowerPoint_Rohdatei.pptx.** Speichern Sie diese in Ihrem Prüfungsordner unter dem Namen **Nachname_Vorname_PowerPoint.pptx.**	
Ihre Lösung soll der Musterdatei **Dessert_PowerPoint_Vorlage.pdf** entsprechen. Führen Sie Änderungen, die alle Folien betreffen, im entsprechenden Master aus.	
1. Titelfolie — Platzieren Sie die Grafik gemäss Vorlage. Die Höhe der Grafik soll 5.5 cm betragen, die Seitenverhältnisse werden beibehalten. Die Farbe passen Sie gemäss Vorlage an.	2

Aufgabe			Punkte
2.	Folienmaster	Fügen Sie im Folienmaster die Datei Dessert_PowerPoint_Bild_Logo_Gustino.jpg ein und passen Sie die Grösse, Farbe und die Platzierung gemäss der Vorlage an.	2
3.	Folienmaster	Formatieren Sie den blauen Text des «Titelmasterformats» wie folgt: Schriftart Segoe UI, Schriftgrad 44 Pt., fett, Textfarbe Schwarz, Text 1, heller 25 %, Zeichenabstand Gesperrt um 3 Pt. In der Folienmasteransicht sind nun auf allen Layouts die Titelmasterformate (Überschriften) gleich formatiert.	2
4.	Kopf- und Fusszeile	Fügen Sie in der Fusszeile Ihren Nach- und Vornamen ein. Aktivieren Sie die Foliennummer. Die Fusszeile erscheint nicht auf der Titelfolie.	1
5.	Folie 3	Fügen Sie die Grafik Dessert_PowerPoint_Bild_Marronidessert.jpg ein. Stellen Sie das Bild frei (siehe Vorlage). Die Bildhöhe soll 8 cm betragen.	2
6.	Folie 5	Fügen Sie die fehlende SmartArt-Grafik «Fortlaufender Blockprozess» ein, ergänzen Sie den Text und wählen Sie die Farben nach Vorlage.	3
7.	Folie 6	Erstellen Sie die Tabelle nach Vorlage. Alle Spalten sollen die gleiche Breite erhalten.	3
8.	Alle Folien	Weisen Sie allen Folien den Übergang «Teilen» zu. Die nächste Folie soll überall nach 8 Sekunden starten.	1
9.	Bildschirmpräsentation	Richten Sie eine Präsentation an einem Kiosk ein.	1
	Speichern und schliessen Sie Ihre Datei.		

2.5 Die Gustino AG evaluiert ein neues Auto

2.5.1 Einleitung

2.5.1.1 Speichern

Erstellen Sie in Ihrem Prüfungsordner einen Unterordner mit der Bezeichnung Auto. Sie legen alle Prüfungsdateien darin ab. Am Schluss haben Sie folgende Dokumente:

Prüfungsordner\Auto**Nachname_Vorname_Word.docx**
Prüfungsordner\Auto**Nachname_Vorname_Brief.docx**
Prüfungsordner\Auto**Nachname_Vorname_Excel.xlsx**
Prüfungsordner\Auto**Nachname_Vorname_PowerPoint.pptx**

2.5.1.2 Ausgangslage für die Autoevaluation

Die Firma Gustino AG will einen neuen Lieferwagen anschaffen. Die Geschäftsleitung hat Sie damit beauftragt, Daten über verschiedene Lieferwagen zusammenzutragen, auszuwerten und die geeignetsten Wagen an der nächsten Sitzung der Geschäftsleitung zu präsentieren.

2.5.2 Aufgabe A – Textgestaltung

2.5.2.1 Ausgangslage

Sie haben von zwei Garagen je eine Offerte für einen Lieferwagen erhalten. An der nächsten Sitzung der Geschäftsleitung soll über eine Anschaffung entschieden werden. Sie müssen die Offerten an dieser Sitzung präsentieren und einander im Vergleich gegenüberstellen. Damit die Mitglieder der Geschäftsleitung bei der anschliessenden Entscheidungsfindung die Übersicht nicht verlieren, haben Sie den Auftrag erhalten, die wichtigsten Daten der Lieferwagen anhand eines Fact-Sheets darzustellen.

2.5.2.2 Aufgabenstellung

Richtzeit: 30 Minuten/Punkte: 25

Aufgabe	Punkte
Öffnen Sie die Datei **Auto_Word_Rohdatei.docx**. Speichern Sie diese in Ihrem Prüfungsordner unter dem Namen **Nachname_Vorname_Word.docx**.	
Ihre Lösung soll der Musterdatei Auto_Word_Vorlage.pdf entsprechen.	
1. Richten Sie die Seitenränder wie folgt ein: links/rechts 2.5 cm; oben/unten 2 cm.	1
2. Erstellen Sie eine Fusszeile gemäss Musterdatei. Fügen Sie eine Seitennummerierung ein. Schriftart: Segoe UI, Schriftgrösse: 8 Pt.	2

Aufgabe	Punkte
3. Erstellen Sie eine Kopfzeile gemäss Musterdatei (Schriftart: Segoe UI, Schriftgrösse: 8 Pt.). Fügen Sie das Firmenlogo (**Auto_Word_Logo.jpg**) oben links ein. Grösse des Logos: Höhe 2 cm, Breite 3.11 cm.	2
4. Fügen Sie den Text zum Opel Vivaro 2.0 bis zum Preis in eine Tabelle ein. Verwenden Sie dafür die Tabellenformatvorlage «Helle Schattierung – Akzent 1». Beachten Sie dabei die Abstände, die Positionierung und die Ausrichtung (nach Augenmass).	4
5. Fügen Sie unter «Bild» die beiden Bilder der Lieferwagen ein (**Auto_Word_Peugeot.jpg/Auto_Word_Opel.jpg**) und formatieren Sie sie wie folgt: Höhe 3.5 cm, Breite 5.3 cm Anordnung/Position mit Text in Zeile Bildformatvorlage: Schlagschattenrechteck	2
6. Formatieren Sie den Text mit den Formatvorlagen Standard (Inhalt), Überschrift 1 (Spaltentitel), Überschrift 2 (Zeilentitel) und Titel (Haupttitel).	2
7. Passen Sie die Formatvorlagen wie folgt an: *Standard* Schriftart Segoe UI, Farbe schwarz, Schriftgrösse 11, Absatz nach 6 Pt. *Überschrift 1* Schriftart Segoe UI, Farbe schwarz, Schriftgrösse 12, Absatz vor 0 Pt. *Überschrift 2* Schriftart Segoe UI, Farbe schwarz, Schriftgrösse 12. *Titel* Schriftart Segoe UI, Farbe schwarz, Schriftgrösse 18, Absatz vor und nach 6 Pt., ohne Rahmen.	3
8. Richten Sie das Seitenlayout auf Querformat aus.	1
9. Erstellen Sie am rechten Rand ein Textfeld mit dem Titel *Notizen*. Positionieren Sie das Textfeld gemäss Mustervorlage nach Augenmass.	2
10. Formatieren Sie das Textfeld wie folgt: Formenart: Farbige Kontur – Blau Akzent 1, Linienstärke: ½ Pt. Schrift: Arial 8	2
11. Richten Sie die zweite Seite im Hochformat aus. Achten Sie darauf, dass auf dieser Seite nur die Fusszeile erscheint.	2
12. Fügen Sie analog zur Vorlage eine Tabelle mit den Kontaktadressen und den Referenzen ein. Sortieren Sie die Referenzen innerhalb der Tabelle aufsteigend. Linienfarbe «Blau Akzent 1». **Speichern und schliessen Sie Ihre Datei.**	2

2.5.3 Aufgabe B – schriftliche Kommunikation

2.5.3.1 Ausgangslage

Sie haben bei der Opel-Garage einen Testwagen bestellt. Dieser ist heute angekommen. Sie wollen ihn nun Ihrer Geschäftsleitung vorführen. Beim Starten des Motors erscheint in der Anzeige der Hinweis, dass die Inspektion durchgeführt werden muss. Zudem riecht es im Innern des Autos stark nach Zigarettenrauch. In diesem Zustand möchten Sie das Auto Ihrer Geschäftsleitung nicht vorführen.

2.5.3.2 Aufgabenstellung

Richtzeit: 30 Minuten/Punkte: 25

> Schreiben Sie an die Garage eine Mängelrüge. Zählen Sie die Mängel auf und bitten Sie um Ersatz. Weisen Sie darauf hin, dass Sie auch einen Wagen einer anderen Marke zum Test bestellt haben.
>
> Öffnen Sie die Datei **Auto_Wirtschaftssprache_Briefvorlage.docx**.
>
> Speichern Sie diese in Ihrem Prüfungsordner unter dem Namen **Nachname_Vorname_Brief.docx**.
>
> Aktualisieren Sie respektive ergänzen Sie die roten Textstellen und schreiben Sie anschliessend den Brief gemäss den an Ihrer Schule erlernten Briefnormen (versandfertiger Brief).
>
> *(Info: Je nach Vorgabe der Schule müssen Sie den Brief ausdrucken, unterschreiben und mit dem Prüfungsdossier abgeben.)*
>
> Erstellen Sie eine Fusszeile (8 Pt.) mit Ihrem Nachnamen, Vornamen.

2.5.4 Aufgabe C – Tabellenkalkulation

2.5.4.1 Ausgangslage

Sie haben von Ihrem Chef den Auftrag erhalten, Daten zu möglichen Geschäftswagen zusammenzutragen. Dies haben Sie erledigt und gestalten nun das Dokument so, dass Sie es dem Chef abgeben können. Er hat Ihnen gewisse Vorgaben gegeben, wie Sie die Tabelle gestalten und auswerten sollen.

2.5.4.2 Aufgabenstellung

Richtzeit: 30 Minuten/Punkte: 25

Aufgabe			Punkte
	Öffnen Sie die Datei **Autos_Excel_Rohdatei.xlsx**. Speichern Sie diese in Ihrem Prüfungsordner unter dem Namen **Nachname_Vorname_Excel.xlsx**.		
	Tabellenblatt «Auswertung»		
1.	**A1:P1**	Schrift fett, Ausrichtung horizontal und vertikal zentriert	1
2.	**A2:P20**	Zeilenhöhe 17.00	1
3.	**Seitenlayout**	Querformat Ändern Sie den Seitenumbruch so, dass die Spalten A bis H auf der Seite 1 und I bis P auf der Seite 2 erscheinen.	2
4.	**Fusszeile**	Mitte Dateipfad (mit einer Feldfunktion) Rechts «Seite X von Y»	1
5.	**C24**	Berechnen Sie die Anzahl Dieselfahrzeuge.	1
6.	**F26:F27**	Anhand der Wagen-Nr. in C26 sollen die Angaben bei «Nutzlast» und «Preis» automatisch erscheinen. Fügen Sie die passende Funktion ein.	2
7.	**C29**	Fügen Sie eine Funktion ein, welche die grösste Nutzlast der Fahrzeuge E2:E20 wiedergibt.	1
8.	**H2:H20**	Fügen Sie eine bedingte Formatierung ein: PS über 130 sollen mit «grüner Füllung» formatiert werden. PS ab 120 sollen orange schattiert sein. PS unter 120 sollen mit «hellroter Füllung 2» dargestellt werden.	2
9.	**A1:P20**	Formatieren Sie die Daten als Tabelle mit Tabellenformat – Mittel 9.	1
10.	**A1:P20**	Sortieren Sie die Tabelle nach folgenden Kriterien: 1. Liter/100 km (aufsteigend) 2. Preis (aufsteigend)	1
	Tabellenblatt «Grösse»		

Aufgabe			Punkte
11.	**D5:D23**	Ergänzen Sie diese Zellen mit einer Zusatzangabe:	2
		Wenn der Hubraum grösser als 2000 ccm ist, soll «GROSS» stehen. Wenn der Hubraum über 1600 ccm ist, soll «MITTEL» stehen, sonst soll das Wort «KLEIN» in der Zelle erscheinen.	
12.	**E5:E23**	Wenn der Hubraum über 2000 ccm beträgt und das Auto drei Plätze hat, soll «Favorit» stehen, sonst «2. Wahl».	1
Tabellenblatt «Benzinverbrauch»			
13.	**D5:D23**	Erstellen Sie eine Rangliste zum Verbrauch (Spalte C). Der niedrigste Verbrauch liegt auf Rang 1.	1
14.	**E5:E23**	Sie fahren fürs Geschäft oft die Strecke von Winterthur bis Interlaken, diese ist 152 km lang.	1
		Berechnen Sie den Treibstoffverbrauch für diese Strecke. Passen Sie das Zellformat auf 2 Dezimalstellen und dem Wort «Liter» an.	
15.	**F5:F23**	Filtern Sie zuerst die Tabelle. Nur die Dieselfahrzeuge sollen angezeigt werden.	3
		Berechnen Sie den Treibstoffverbrauch für die angezeigten Fahrzeuge.	
		Passen Sie das Zellformat an: Buchhaltungsformat CHF. Runden Sie das Ergebnis auf 5 Rappen.	
Tabellenblatt «Umweltbelastung»			
16.	**A4:D23**	Erstellen Sie ein Säulendiagramm «Gruppierte Säulen».	4
		Sperren Sie das Seitenverhältnis und ändern Sie die Breite auf 35 cm. Verschieben Sie das Diagramm in ein neues Tabellenblatt. Dieses nennen Sie «Diagramm_Umweltbelastung».	
		Fügen Sie den Diagrammtitel «Umweltbelastung» über dem Diagramm ein.	
Speichern und schliessen Sie Ihre Datei.			

Intensivtraining IKA

2.5.5 Aufgabe D – Präsentation

2.5.5.1 Ausgangslage

Sie erstellen eine Präsentation mit dem Vergleich von zwei Lieferwagen-Typen für die Gustino AG. Es stehen Ihnen Bilder und Texte zur Verfügung.

2.5.5.2 Aufgabenstellung

Richtzeit: 20 Minuten/Punkte: 17

Aufgabe	Punkte
Öffnen Sie die Datei **Auto_PowerPoint_Rohdatei.pptx**. Speichern Sie diese in Ihrem Prüfungsordner unter dem Namen **Nachname_Vorname_PowerPoint.pptx**. Ihre Lösung soll der Musterdatei **Auto_PowerPoint_Vorlage.pdf** entsprechen.	
1. Weisen Sie der Präsentation das Design **Auto_PowerPoint_Design.thmx** zu.	1
2. Formatieren Sie in der Masterfolie die Schrift des Leitspruchs «Gustino AG	kreative Küche für kleine Budgets» mit **Segoe UI**.	1
3. Fügen Sie das **Auto_PowerPoint_Bild.jpg** in die rechte untere Ecke der Masterfolie ein. Skalieren Sie das Logo auf 12 %.	1
4. Wechseln Sie auf die 2. Folie. Ändern Sie das Layout der Folie auf **Titel und Inhalt**.	1
5. Passen Sie bei den Folien 3 und 4 das Layout der Folien an. Wählen Sie **Zwei Inhalte**.	1
6. Fügen Sie auf den Folien 3 und 4 die **Abbildungen** der entsprechenden Autos hinzu (Folie 3: Auto_PowerPoint_Bild_Opel.jpg, Folie 4: Auto_PowerPoint_Bild_Peugeot.jpg).	2
7. Erstellen Sie auf der Folie 5 eine Tabelle mit 3 Spalten und 6 Zeilen. Tragen Sie die Daten gemäss Vorlage **Auto_PowerPoint_Vorlage.pdf** (Seite 5) in die Tabelle ein.	2
8. Fügen Sie nach der Folie 5 eine weitere Folie ein und wählen Sie als Folienlayout **Abschnittsüberschrift**. Erfassen Sie im Titelplatzhalter den Text: **Fragen und Diskussion**.	1
9. Weisen Sie im Folienmaster dem Textmasterformat die Animation **Wischen** mit der **Effektoption** Richtung: Von Links und Sequenz Nach Absatz zu.	2
10. Passen Sie die Schrift auf dem Handzettelmaster an: Wählen Sie die Schrift **Segoe UI** für alle vier Textfelder (Kopfzeile, Datum, Fusszeile und Nr.).	1
11. Erfassen Sie auf der **Titelfolie** Ihren Vor- und Nachnamen in der Textbox «Präsentation von …».	1
12. Weisen Sie **allen Folien** den Übergang **Wischen** zu. Stellen Sie die Dauer auf 2.00 Sekunden.	1
13. Richten Sie eine **zielgruppenorientierte Präsentation** mit den Folien Nr. 1 und Nr. 5 ein. Nennen Sie diese «Vergleich».	2
Speichern und schliessen Sie Ihre Datei.	

2.6 Sie organisieren einen Ausflug

2.6.1 Einleitung

2.6.1.1 Speichern

Erstellen Sie in Ihrem Prüfungsordner einen Unterordner mit der Bezeichnung **Ausflug**. Alle Prüfungsdateien legen Sie darin ab. Am Schluss haben Sie folgende Dokumente:

Prüfungsordner\Ausflug**Nachname_Vorname_Word_Textgestaltung.docx**
Prüfungsordner\Ausflug**Nachname_Vorname_Word_Anmeldung.docx**
Prüfungsordner\Ausflug**Nachname_Vorname_Brief.docx**
Prüfungsordner\Ausflug**Nachname_Vorname_Excel.xlsx**
Prüfungsordner\Ausflug**Nachname_Vorname_PowerPoint.pptx**

2.6.1.2 Ausgangslage für den Ausflug

Sie sind begeisterter Basketballer oder begeisterte Basketballerin und spielen bei den «Züri-West Rangers». Sie trainieren eine Juniorenmannschaft im Verein. Der Vorstand hat Sie beauftragt, anstelle der üblichen Jahreswanderung einen zweitägigen Ausflug ins Hinterwaldner Oberland zu organisieren.

2.6.2 Aufgabe A – Textgestaltung

2.6.2.1 Ausgangslage

Sie gestalten einen Werbeprospekt für die Teilnehmenden und ein Formular für die Anmeldung zum Weekend mit allen nötigen Informationen.

2.6.2.2 Beschreibung der Region gestalten

Richtzeit: 30 Minuten/Punkte: 25

Aufgabe	Punkte
Öffnen Sie die Datei **Ausflug_Word_Rohdatei_Textgestaltung.docx**. Speichern Sie diese in Ihrem Prüfungsordner unter dem Namen **Nachname_Vorname_Word_Textgestaltung.docx**.	
Ihre Lösung soll der Musterdatei **Ausflug_Word_Vorlage_Textgestaltung.pdf** entsprechen.	
1. Richten Sie das Dokument so ein, dass Sie für die erste Seite eine von den folgenden Seiten abweichende Kopf- und Fusszeile definieren können.	1
2. Entfernen Sie sämtliche Texthervorhebungsfarben (Textmarker) im Text, sobald Sie die entsprechenden Texte bearbeitet haben.	1
3. Verschieben Sie den rot hervorgehobenen ersten Absatz in die Kopfzeile der ersten Seite des Dokuments. Die Schrift soll kursiv sein, der Text rechtsbündig ausgerichtet.	1
4. Bearbeiten Sie den Text: Ersetzen Sie alle ß mit ss.	1

Intensivtraining IKA

Aufgabe	Punkte
5. Ändern Sie in der Formatvorlage **Standard** die Schriftart auf *Segoe UI* und den Schriftgrad auf 11 Pt.	1
6. Ordnen Sie dem grün hervorgehobenen Absatz «Ferienregion Hinterwaldner Oberland» die Formatvorlage **Titel** zu.	1
7. Erstellen Sie für alle hellblau hervorgehobenen Absätze eine Formatvorlage mit dem Namen **Zwischentitel 1.** Für diese Formatvorlage wählen Sie die Schriftart *Segoe UI* mit Schriftgrad 12 Pt., fett. Die Schriftfarbe soll gleich sein wie in der Formatvorlage **Titel** (Dunkelblau, Text 2, dunkler 25 %). Den Absatzabstand *Vor* erhöhen Sie auf 12 Pt. Die restlichen Einstellungen belassen Sie.	2
8. Ordnen Sie den beiden grau hervorgehobenen Absätzen «Winter» und «Sommer» ebenfalls die Formatvorlage **Zwischentitel 1** zu, ändern Sie aber die Schriftgrösse manuell auf 11 Pt. und formatieren Sie die beiden Absätze kursiv.	1
9. Fügen Sie für das gelb hervorgehobene Wort «Mittobel» im Absatz mit dem Untertitel «Orte und Städte» einen Hyperlink ein, der auf die Webseite *http://www.mittobel.ch* verweist.	1
10. Verschieben Sie den rosa hervorgehobenen Text am Ende des Dokuments in eine Fussnote, die Sie nach dem gelb hervorgehobenen Wort «Neuschnee» im Absatz mit dem Untertitel «Bahnen» einfügen (Schriftart *Segoe UI,* Schriftgrad 10 Pt.).	1
11. Fügen Sie die Clipart-Grafik **Ausflug_Bild_Wanderfrau.png** als Bildwasserzeichen ins Dokument ein. Waschen Sie es aus.	1
12. Wenden Sie auf das gesamte Dokument die automatische Silbentrennung an.	1
13. Fügen Sie die **Bilder Ausflug_Bild_Wanderparadies.jpg** und **Ausflug_Bild_Wintersport.jpg,** wie in der Musterdatei ersichtlich, im Text ein. Die Höhe für beide Bilder soll 4 cm betragen, und die Bilder sollen als Quadrat am Text ausgerichtet werden.	2
Speichern und schliessen Sie die Datei.	

2.6.2.3 Anmeldung fertigstellen

Aufgabe	Punkte
Öffnen Sie die Datei **Ausflug_Word_Rohdatei_Anmeldung.docx.** Speichern Sie diese in Ihrem Prüfungsordner unter dem Namen **Nachname_Vorname_Word_Anmeldung.docx.**	
Ihre Lösung soll der Musterdatei **Ausflug _Word_Vorlage.pdf** entsprechen. **Hinweis:** Das horizontale Ausrichten von Texten mithilfe von Leerschlägen gilt nicht als richtige Lösung. Verwenden Sie dazu je nach Fall Tabulatoren, Einzüge, Tabellen oder entsprechende Absatzformate.	
1. Stellen Sie die Seitenränder wie folgt ein: oben 2.5 cm, links 2.5 cm, unten 2.0 cm, rechts 1.25 cm.	1

Aufgabe	Punkte
2. Formatieren Sie den gelb hervorgehobenen Titel mit Kapitälchen, Schriftgrösse 14 Pt., fett und heben Sie die gelbe Texthervorhebung auf.	1
3. Fügen Sie nach dem eben bearbeiteten Titel das Bild **Ausflug_Bild_Sujetbild.jpg** gemäss Musterdatei ein: Position rechts oben, Zeilenumbruch Quadrat, Grösse 3.5 x 3.5 cm.	2
4. Ersetzen Sie die Zeile mit dem gelb hervorgehobenen Wort «Umbruch» durch ein Scherensymbol und eine gestrichelte Trennlinie. Benutzen Sie dafür Tabulatoren mit Füllzeichen bündig zum Text. (Löschen Sie dafür das Wort «Umbruch» und heben Sie die gelbe Texthervorhebung auf.)	2

5. Formularfelder:
Fügen Sie folgende Formularsteuerelemente ein:
 	
a) **Persönliche Angaben**
   Feldtyp *Feld zur Texteingabe* für alle vier Angaben
b) **Transport**
   Feldtyp *Kontrollkästchen* für alle drei Optionen
c) **Essen und Unterkunft**
   Feldtyp *Kombinationsfeld mit folgenden Dropdown-Elementen:*
       Essen > Fleisch; vegetarisch
       Unterkunft > Einzelzimmer; Doppelzimmer; 4er-Zimmer
	3

6. Schützen Sie das Dokument mit den Bearbeitungseinschränkungen *Ausfüllen von Formularen.* (Achtung: Der Schutz kann nicht eingestellt werden, solange der Entwurfsmodus aktiviert ist.) Vergeben Sie kein Passwort. Die Formularfelder können jetzt einzeln mit der Tabulatortaste angewählt werden. **Speichern und schliessen Sie Ihre Datei.**	1

2.6.3 Aufgabe B – schriftliche Kommunikation

2.6.3.1 Ausgangslage

Für das geplante Riverrafting am Samstag, 5. September, schreiben Sie an einen lokalen Tourveranstalter. Dieser wurde Ihnen von einem Vereinsmitglied empfohlen. Die Tour sollte wenn möglich am Nachmittag stattfinden.

2.6.3.2 Aufgabenstellung

Richtzeit: 30 Minuten/Punkte: 25

Aufgabe	Punkte
Formulieren Sie den Anfragebrief. Gehen Sie darin unter anderem auf folgende Punkte ein. • Teilnehmerzahl 30, die Hälfte Juniorinnen und Junioren • Einstiegs- und Ausstiegsorte • Dauer der Fahrt • Varianten • Ausrüstung • Sicherheitsfragen • Das Budget je Teilnehmer oder Teilnehmerin beträgt CHF 35.– Öffnen Sie die Datei **Ausflug_Wirtschaftssprache_Briefvorlage.docx.** Speichern Sie diese in Ihrem Prüfungsordner unter dem Namen **Nachname_Vorname_Brief.docx.** Aktualisieren Sie respektive ergänzen Sie die roten Textstellen und schreiben Sie anschliessend den Brief gemäss den an Ihrer Schule erlernten Briefnormen (versandfertiger Brief). *(Info: Je nach Vorgabe der Schule müssen Sie den Brief ausdrucken, unterschreiben und mit dem Prüfungsdossier abgeben.)* Erstellen Sie eine Fusszeile (8 Pt.) mit Ihrem Nachnamen, Vornamen.	

2.6.4 Aufgabe C – Tabellenkalkulation

2.6.4.1 Ausgangslage

Um die Kosten für die Teilnehmer und Teilnehmerinnen und den Verein zu berechnen, erstellen Sie ein Budget. In einer Excel-Tabelle stellen Sie die Kosten zusammen und berechnen den Teilnehmerbeitrag. Dazu müssen Sie zuerst die Teilnehmerliste nachführen.

2.6.4.2 Aufgabenstellung

Richtzeit: 30 Minuten/Punkte: 25

Aufgabe		Punkte
	Öffnen Sie die Datei **Ausflug_Excel_Rohdatei.xlsx**. Speichern Sie diese in Ihrem Prüfungsordner unter dem Namen **Nachname_Vorname_Excel.xlsx**.	
	Arbeiten Sie zunächst im Blatt **Teilnehmer**. Alle Ergebnisse in den gelben Feldern müssen mit Bezügen und Formeln berechnet werden.	
1.	Berechnen Sie in P2:P3 jeweils die richtige **Anzahl Billette.** Die Angaben dazu finden Sie in Spalte I (0.5 = halbes Billett, 1 = ganzes Billett).	1
2.	Berechnen Sie in P7:P9 die **Anzahl** benötigter **Hotelzimmer.** Achtung: Berücksichtigen Sie Mehrfachbelegungen (2er- und 4er-Zimmer).	2
3.	Der Basisbeitrag für die Teilnehmer beträgt CHF 89.–. **Zuschläge** bezahlen Teilnehmer mit 1er- oder 2er-Zimmer (siehe Angaben in Spalte P). Berechnen Sie in Spalte K die Zuschläge pro Person.	2
4.	Wer ein Vegi-Menü nimmt, erhält einen **Rabatt** (siehe Angaben in Spalte P). Berechnen Sie in Spalte L den Rabatt pro Person. Ergänzen Sie in Spalte M das **Total** des Teilnehmerbeitrags.	2
	Wechseln Sie ins Blatt **Nachtessen.**	
5.	Für den Wirt brauchen Sie eine Liste der Vegi-Besteller. Blenden Sie die Spalten C bis F aus und filtern Sie die Tabelle nach «Vegi».	2
	Wechseln Sie ins Blatt **Diagramm.**	
6.	Berechnen Sie in G2 bis G8 die Anzahl Teilnehmer je Mannschaft. Die Formel muss kopierbar sein.	1
7.	Fügen Sie darunter ein Kreisdiagramm ein, das die Werte in % anzeigt. Orientieren Sie sich bei der Formatierung an **Ausflug_Excel_Vorlage_Diagramm.pdf.** Achtung: Die Zahlen stimmen nicht überein.	3
	Wechseln Sie ins Blatt **Budget**. Berechnen Sie die Werte gemäss den folgenden Angaben. Wo nötig, übernehmen Sie die Zahlen mit einem Bezug aus den vorherigen Blättern.	

Aufgabe	Punkte
8. Berechnen Sie in C4 bis C6 die Summen für die **Hotelzimmer**. Achtung: Berücksichtigen Sie Mehrfachbelegungen (2er- und 4er-Zimmer). Die Ansätze finden Sie in den Zellen I4 bis I6. Berechnen Sie in D7 das **Total.** (Falls Sie die Berechnung im Blatt «Teilnehmer» nicht machen konnten, setzen Sie eigene Werte für die Anzahl Zimmer ein.)	2
9. Berechnen Sie in C8 bis C9 bzw. D10 und D13 die Kosten für die **Reise** und das **Nachtessen**. Gehen Sie gleich vor wie in Aufgabe 9.	2
10. Berechnen Sie in C14 bis C16 bzw. D17 die Kosten für das **Riverrafting**. Die nötigen Angaben finden Sie in I15:I16. Den Gruppenrabatt übernehmen Sie aus D16.	1
11. Berechnen Sie in D17 bis D20 die entsprechenden **Werte** und **Totale.**	1
12. Berechnen Sie in den gelben Feldern von Spalte E die **prozentualen Anteile** der einzelnen Ausgabenposten am Total.	1
13. Berechnen Sie in C25 den Beitrag anhand der Angaben in I25. Berechnen Sie das Total in D27.	1
14. In D29 soll der **Überschuss** (positive Zahl) oder das **Defizit** (negative Zahl) berechnet werden. Formatieren Sie die Zahl mit einer bedingten Formatierung so, dass ein Defizit rot, ein Überschuss grün erscheint.	2
15. Formatieren Sie das Budget gemäss der Datei **Ausflug_Excel_Vorlage_Budget.pdf**. Achtung: Die Zahlen stimmen nicht überein. **Speichern und schliessen Sie Ihre Datei.**	2

2.6.5 Aufgabe D – Präsentation

2.6.5.1 Ausgangslage

An der Generalversammlung des Vereins vom 4. Juni machen Sie Werbung für den Anlass. In einer PowerPoint-Präsentation stellen Sie die Höhepunkte der Reise vor.

2.6.5.2 Aufgabenstellung

Richtzeit: 20 Minuten/Punkte: 17

Aufgabe	Punkte
Öffnen Sie die Datei **Ausflug_PowerPoint_Rohdatei.pptx**. Speichern Sie diese in Ihrem Prüfungsordner unter dem Namen **Nachname_Vorname_PowerPoint.pptx**. Ihre Lösung soll der Musterdatei **Ausflug_PowerPoint_Vorlage.pdf** entsprechen.	
1. Wählen Sie für Ihre gesamte Präsentation das Design *Deimos* aus. Führen Sie im Folienmaster folgende Änderungen aus: Die **Titel** auf allen Folien sind in der Schrift *Segoe UI*, Schriftgrad 39 Pt. geschrieben. Die **Texte** sind ebenfalls in der Schrift *Segoe UI*. Die Schriftgrössen beginnen bei der Ebene 1 mit 29 Pt., jede tiefere Ebene soll je 3 Pt. kleiner geschrieben sein als die vorangehende (Sie brauchen nur zwei Ebenen).	3
2. In der Fusszeile – ausser auf der Titelfolie – steht Ihr **Vorname und Name,** ebenfalls in der Schriftart *Segoe UI*. Aktivieren Sie die **Foliennummer.** Die eingestellte Formatierung können Sie belassen.	2
3. Auf allen Folien soll oben rechts das Logo **Sujetbild,** das Sie unter dem Namen **Ausflug_Bild_Sujetbild.jpg** finden, ungefähr mit 1 cm Abstand von oben und von rechts eingefügt sein. Die Breite des Bildes soll 3 cm betragen.	1
Schliessen Sie nun den Folienmaster.	
4. **Titelfolie** (Folie 1) Der Titel ist in Grösse 55 Pt. geschrieben. Versehen Sie den Titel mit Kapitälchen. Den Untertitel belassen Sie so.	1
5. Folie **Ausflug ins Hinterwaldner Oberland** (Folie 2) Fügen Sie in den Stern das Bild **Ausflug_Bild_Hotel.jpg** ein. Ändern Sie die Stern-Form von 16 auf 32 Zacken, ohne dabei den Stern neu zu erstellen.	1
6. Folie **Übersicht** (Folie 3) Ändern Sie das **SmartArt-Layout,** das Sie vor sich sehen, auf den Typ: Vertikale Bildakzentliste. Ändern Sie die **SmartArt-Formatvorlage** auf Intensiver Effekt.	1
7. Folie **Programm Tag 1** (Folie 4) Auf der Folie sehen Sie **drei Pfeile,** deren horizontale Abstände ungleich sind. Mitten Sie den mittleren Pfeil zwischen die beiden anderen exakt ein, indem Sie die entsprechende PowerPoint-Schaltfläche benutzen. Wichtig: Der erste und der letzte Pfeil dürfen in ihrer Position nicht verschoben werden, und auch die Grösse der Pfeile sollte nicht verändert werden.	2

Aufgabe	Punkte
8. Folie **Programm Tag 2** (Folie 5) Bringen Sie den **roten Kreis** in den Vordergrund. Ändern Sie die **Konturfarbe** auf orange.	1
9. Folie **Panorama durch das Oberland** (Folie 6) Diagrammanimation: Animieren Sie das Liniendiagramm mit dem Effekt *Wischen*. Stellen Sie unter den Effektoptionen die *Wisch-Richtung* von links nach rechts ein. Damit nicht das ganze Diagramm auf einmal gewischt wird, stellen Sie in denselben Effektoptionen ein, dass die Animation Kategorie nach Kategorie erscheinen soll. Die Animationsdauer pro Kategorie soll genau 1 Sekunde betragen. Die Verzögerung zwischen den einzelnen Animationen soll jeweils 0.25 Sekunden dauern.	2
10. Animation des Diagrammhintergrundes entfernen: Sie haben das Diagramm als Ganzes animiert, somit auch den Diagramm-Hintergrund, der als Erstes erscheint. Der Diagrammhintergrund soll jedoch nicht animiert sein. Löschen Sie diese erste Animation (das Einfahren des Diagrammhintergrunds).	1
11. Folie **The End** (Folie 7) Ändern Sie das Folienlayout der letzten Folie zum Typ *Titelfolie*. Erstellen Sie unter dem Wort *Verlinkungen* zwei Hyperlinks, je auf einer neuen Zeile: 1. *Zurück zur ersten Folie* Dieser Hyperlink soll zur ersten Folie springen. 2. *Riverrafting-Hochtobel.ch* Dieser Hyperlink soll den Browser starten und auf die fiktive Website *www.riverrafting-hochtobel.ch* laden. **Speichern und schliessen Sie Ihre Datei.**	2

Teil 3 – Lösungen

Korrigieren & verbessern Sie Ihre Arbeiten

3.1 Arbeit selbstständig korrigieren
3.2 Lösungen zu Kapitel 2.3 – Jubiläum
3.3 Lösungen zu Kapitel 2.4 – Neues Produkt
3.4 Lösungen Kapitel 2.5 – Evaluation Auto
3.5 Lösungen Kapitel 2.6 – Ausflug

3.1 Arbeit selbstständig korrigieren

Haben Sie eine Übungsserie fertig gelöst? Jetzt müssen Sie Ihre Prüfung auswerten. Dieser Vorgang ist genauso wichtig wie das Lösen einer Serie. Sie kennen das: Aus Fehlern lernt man. Kontrollieren Sie Ihre Lösung in drei Schritten:

1. Lösungsdateien — Im **Ordner Lösungsdateien** finden Sie zu jeder Übung eine Lösung. Vergleichen Sie diese mit Ihrem Resultat. Machen Sie es genau. Kontrollieren Sie in Excel auch jede Formel. Für die Wirtschaftssprache haben wir für Sie einen Musterbrief geschrieben.

2. Lösungsanleitungen — Ab **Kapitel 3.2** finden Sie **Kurzbeschreibungen** zu den Lösungen. Falls Sie nicht grosse Probleme beim Bearbeiten hatten, finden Sie hier rasch Lösungen und Tipps zur Lösung der Aufgabe. Übernehmen Sie diese in Ihren QV-Ordner[1].

Tipp — Markieren Sie die Stellen, in der Sie Fehler hatten, und trennen Sie die Seite mit einem Messer aus dem Buch. Legen Sie die Beschreibung in Ihrem Ordner ab.

3. Lösungsfilme — Dies sind die detailliertesten Lösungen. Im Verzeichnis **Lösungsvideos** finden Sie die verfilmten Schritt-für-Schritt-Anleitungen. Nehmen Sie sich die Zeit und schauen Sie den Film durch. Jedes Video wurde von einer anderen IKA-Lehrperson erstellt. Bessere Informationen erhalten Sie nur direkt im Unterricht!

Bei grossen Problemen
Schauen Sie die Filme in mehreren Etappen an. Stoppen Sie nach wenigen Minuten und **verbessern Sie laufend Ihre Übung.** Machen Sie sich gleichzeitig Spickzettel für Ihren QV-Ordner. Ergänzen Sie die Lösungsanleitung mit Ihren Erkenntnissen.

Keine Schwierigkeiten
Wenn Sie die Prüfungssimulation ohne Schwierigkeiten lösen konnten, schauen Sie die Erklärungen in einem Stück durch und achten Sie auf mögliche Optimierungen, die Sie fürs QV übernehmen können. Notieren Sie diese Abläufe.

Wirtschaftssprache — Neben den **Musterbriefen** finden Sie **in den Lösungsanleitungen die Korrekturraster,** nach denen auch die Expertinnen und Experten Ihre Briefe am QV bewerten. Gehen Sie die Punkte detailliert durch und achten Sie darauf, ob Sie alles erfüllt haben. Falls möglich, geben Sie das Korrekturraster und Ihren Brief einer anderen Person zur Kontrolle.

Das Wichtigste: Erstellen Sie ausnahmslos alle Briefe! Diese zusätzliche Routine bringt Sie wirklich weiter.

Weitere Unterstützung — Gewiss haben sich einige Fragen angesammelt. Dazu ist auch die QV-Vorbereitung im Unterricht da! Schicken Sie Ihre Fragen per Mail an Ihre IKA-Lehrperson. Bestimmt fliesst die eine oder andere Frage in einer der nächsten Lektionen ein, oder Sie erhalten umgehend eine Antwort.

---

[1] Den QV-Ordner nehmen Sie zu Ihre Abschlussprüfung mit. Sie dürfen während der Prüfung nach Belieben darin nachschlagen. Er beinhaltet all Ihre Notizen und Spicke.

3.2 Lösungen zu Kapitel 2.3 – Jubiläum

3.2.1 Textgestaltung

3.2.1.1 Flyer mit Anmeldetalon erstellen

Nr.	Beschreibung

1. **Seitenränder einrichten**

   a) Register Seitenlayout
   b) Seite einrichten
   c) Seitenränder
   d) Benutzerdefinierte Seitenränder

2. **Schriftart anpassen**

   a) Register Start
   b) Gruppe Schriftart

   Textausrichtung

   a) Register Start
   b) Gruppe Absatz
   c) Linksbündig

   Zeilenabstand

   a) Register Start
   b) Gruppe Absatz
   c) Dialogbox Absatz

   Absatzabstand

   a) Register Start
   b) Gruppe Absatz
   c) Dialogbox Absatz

   (Achtung: Absatzabstand in cm)

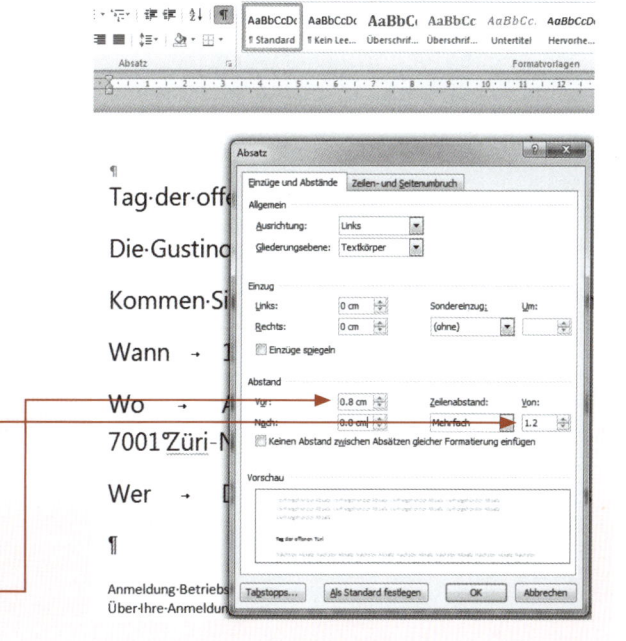

Nr.	Beschreibung

3. **Die Formatvorlage «Haupttitel»** ist ausgeblendet. Sie müssen sie also zuerst einblenden. Dies machen Sie in den Optionen der Formatvorlagen.

   Blenden Sie zuerst das Fenster Formatvorlagen ein:

   a) Register Start
   b) Befehlsgruppe Formatvorlagen
   c) Formatvorlagen
   d) Optionen

   Optionen für Formatvorlagen

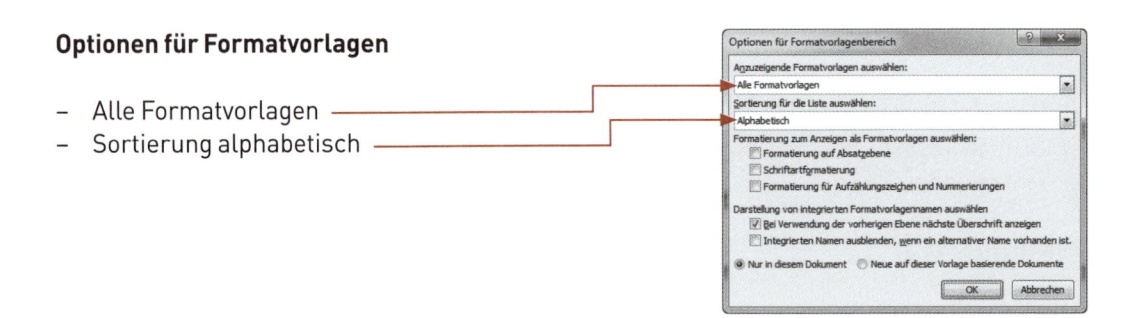

   – Alle Formatvorlagen
   – Sortierung alphabetisch

4. **Formatvorlagen ändern**

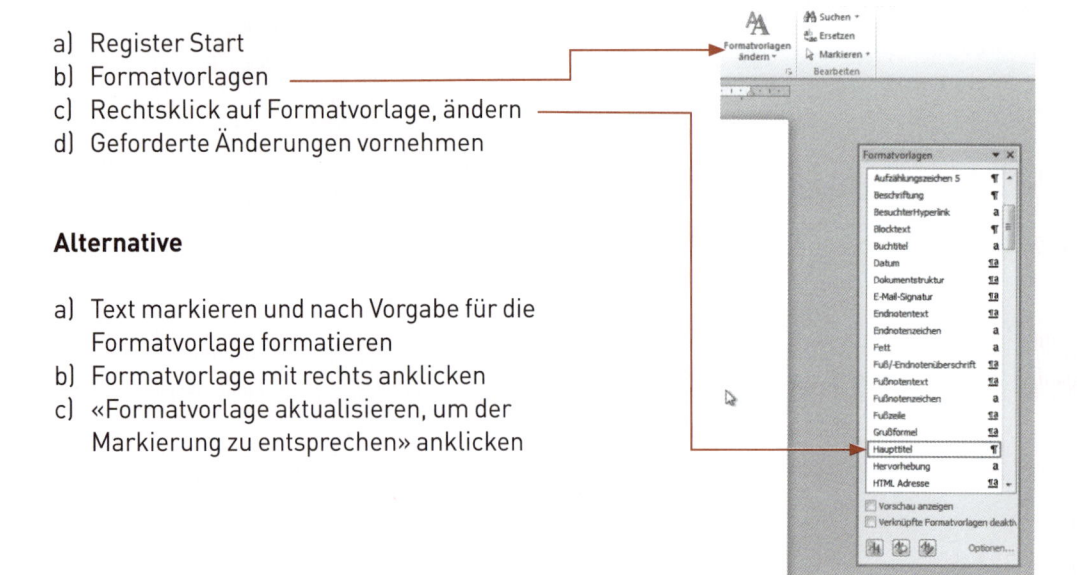

   a) Register Start
   b) Formatvorlagen
   c) Rechtsklick auf Formatvorlage, ändern
   d) Geforderte Änderungen vornehmen

   Alternative

   a) Text markieren und nach Vorgabe für die Formatvorlage formatieren
   b) Formatvorlage mit rechts anklicken
   c) «Formatvorlage aktualisieren, um der Markierung zu entsprechen» anklicken

Nr.	Beschreibung

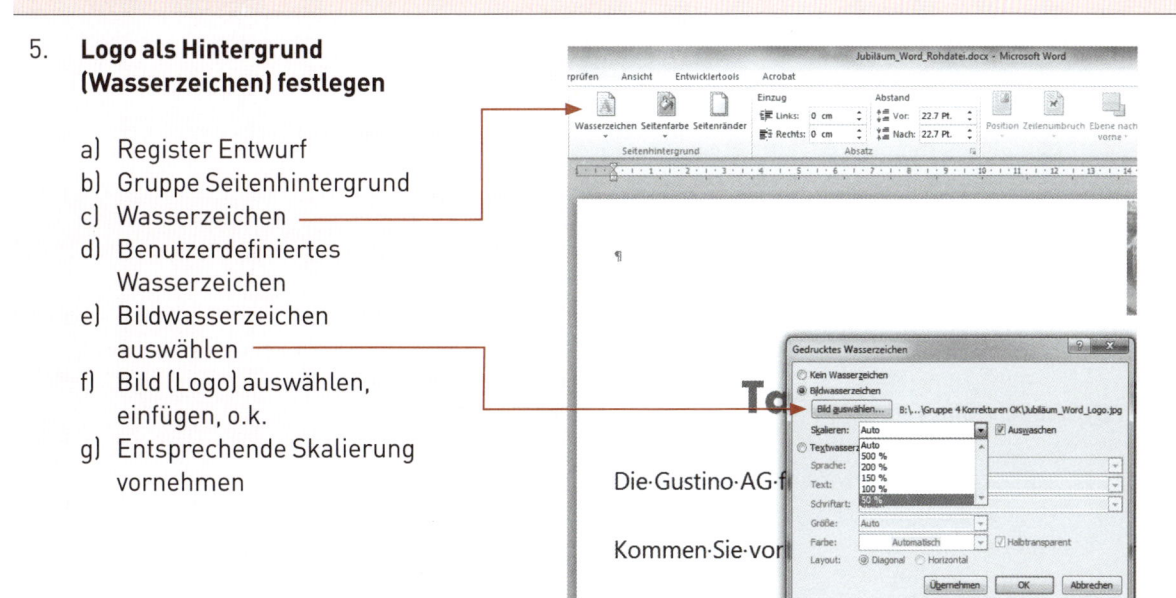

5. **Logo als Hintergrund (Wasserzeichen) festlegen**

   a) Register Entwurf
   b) Gruppe Seitenhintergrund
   c) Wasserzeichen
   d) Benutzerdefiniertes Wasserzeichen
   e) Bildwasserzeichen auswählen
   f) Bild (Logo) auswählen, einfügen, o.k.
   g) Entsprechende Skalierung vornehmen

6. **Grafik sichtbar machen**

   a) Doppelklick auf die Kopfzeile
   b) Bild anklicken
   c) Register Bildtools Format
   d) Bild zurücksetzen
   e) Grösse und Position zurücksetzen

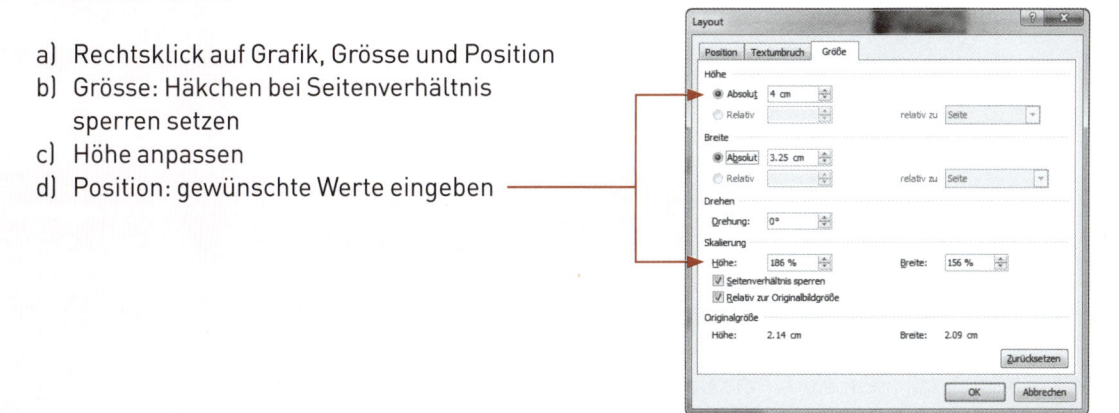

7. **Grafik formatieren**

   a) Rechtsklick auf Grafik, Grösse und Position
   b) Grösse: Häkchen bei Seitenverhältnis sperren setzen
   c) Höhe anpassen
   d) Position: gewünschte Werte eingeben

8. **Schriftart formatieren**

   Siehe Aufgabe 2

9. **Zeilenabstand setzen**

   Siehe Aufgabe 2

Intensivtraining IKA

Nr.	Beschreibung

10. **Tabulatoren setzen**

   a) Register Start, Gruppe Absatz, Tabstopps
   b) Tabulatoren mit Füllzeichen setzen

Symbol einfügen

   a) Register Einfügen, Symbol, Schere
   b) Falls das **gesuchte** Symbol nicht angezeigt wird:
   c) Weitere Symbole
   d) Schriftart Wingdings

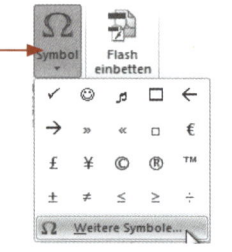

11. **Tabulatoren setzen**

   a) Zeilen markieren
   b) Tabulatoren im Lineal setzen oder über Register Start, Gruppe Absatz, Tabstopps
   c) Füllzeichen definieren

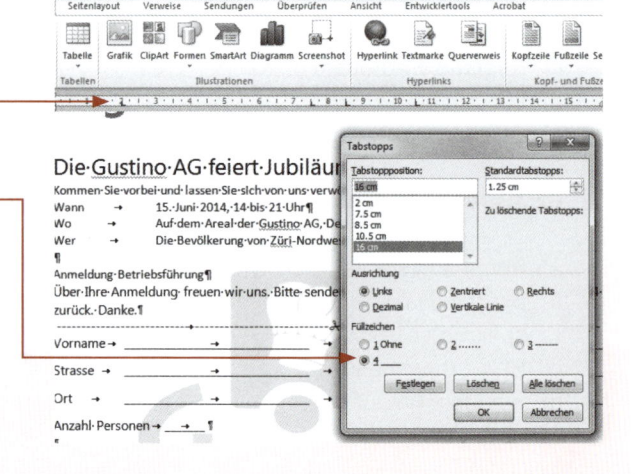

12. **Kästchen auf dieselben Tabstopppositionen setzen**

   Die Kästchen finden Sie wie die Schere im Register Einfügen, Gruppe Symbol, weitere Symbole, Schriftart Wingdings.

3.2.1.2 Textgestaltung: Namensschilder auf Etikettenbögen

Nr.	Beschreibung

13. **Seriendruck starten**

   a) Register Sendungen
   b) Gruppe Seriendruck starten
   c) Etiketten wählen

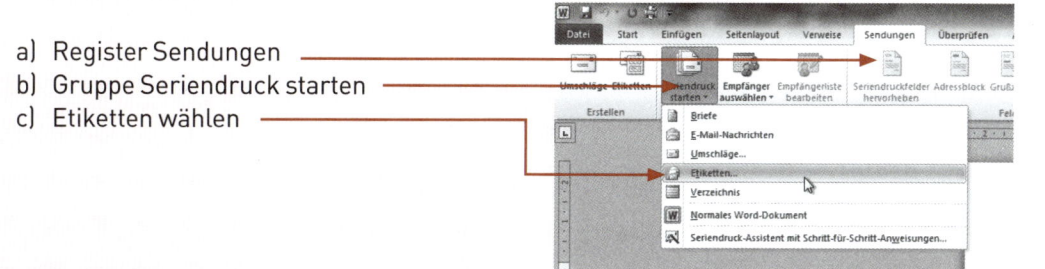

14. **Seriendruck Etiketten**

   a) Etikettenhersteller wählen
   b) Etikettennummer auswählen

Empfänger auswählen

   a) Register Sendungen, Gruppe Seriendruck starten
   b) Empfänger auswählen
   c) Vorhandene Liste verwenden
   d) Datei Jubiläum_Word_Adressen.xlsx wählen

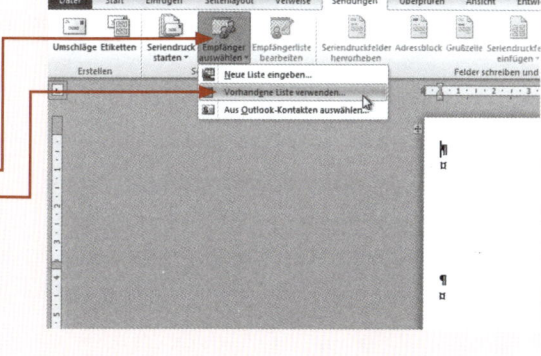

Nr.	Beschreibung

15. **Seriendruckfelder, Platzhalter für Vorname, Name**

   a) Register Sendungen
   b) Gruppe Felder schreiben und einfügen
   c) Seriendruckfeld einfügen
   d) Felder auswählen

   e) Auf der zweiten Zeile die Regel «Wenn;Dann;Sonst» einfügen
   f) Wenn Mitarbeiter gleich Ja, dann Gustino AG sonst (leer lassen)

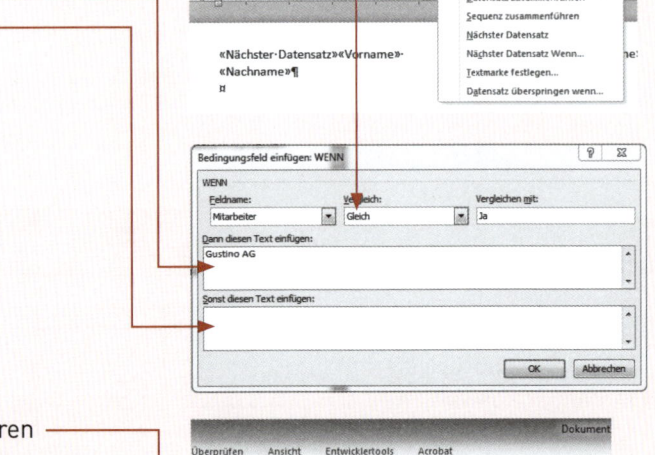

   g) Danach Etiketten aktualisieren
   h) In der Vorschau kontrollieren, dass alle Adressen korrekt angezeigt werden.

16. **Schriftart und Schriftgrösse wählen**

   a) 1. Etikette formatieren
   b) Etiketten aktualisieren

Nr. Beschreibung

17. **Empfängerliste bearbeiten**

    a) Registerkarte Sendungen, Gruppe Seriendruck starten, Empfängerliste bearbeiten

    b) Filtern auswählen und entsprechende Filter setzen

    c) Sortieren auswählen und Sortierung einstellen

18. **Seriendruck durchführen**

    a) Registerkarte Sendungen | Fertigstellen und zusammenführen | Einzelne Dokumente bearbeiten
    b) Datei unter separatem Namen speichern

3.2.2 Wirtschaftssprache Korrekturhilfe

Thema	Bemerkungen (bei Bedarf)	Max.
Darstellung		
Abstandsfehler *Abstände zwischen den Absätzen*		3
Schriftgrad/Schrift *Gemäss Vorgaben Ihrer Schule*		
Hervorhebung *Fett, Kursiv, Darstellung (z. B. Konditionen bei Angeboten)*		
Kopf-/Fusszeile		
Falsche Textposition *(Datum, Empfängeradresse, Grussformel)*		
Blocksatz *Text links ausrichten, Flattersatz rechts (Silbentrennung)*		
Schreibregel		
Inhalt		
Rahmentext 1 (Empfänger/Datum/Betreff)		13
Rahmentext 2 (Grussformel/Unterschrift/Firma/Beilagen)		
Logischer Aufbau		
Textmenge		
Aufbau/Inhalt gemäss Buch — *Grund für die Einladung, Jubiläum*		
Aufbau/Inhalt gemäss Buch — *Unternehmen vorstellen*		
Aufbau/Inhalt gemäss Buch — *Ort, Zeit, Dauer, Führungen*		
Aufbau/Inhalt gemäss Buch — *Hinweis auf Aktionen*		
Aufbau/Inhalt gemäss Buch — *Beilage Flyer*		
Sprache (Stil, Ton, Rechtschreibung, Grammatik)		
Rechtschreibung		9
Satzzeichen		
Grammatik		
Fremdwörter		
Wortwiederholungen		
Wortwahlfehler		
Stilmangel/Ton		
Floskelsätze		
Total		25

Den **Musterbrief** finden Sie in den Lösungen.

3.2.3 Tabellenkalkulation

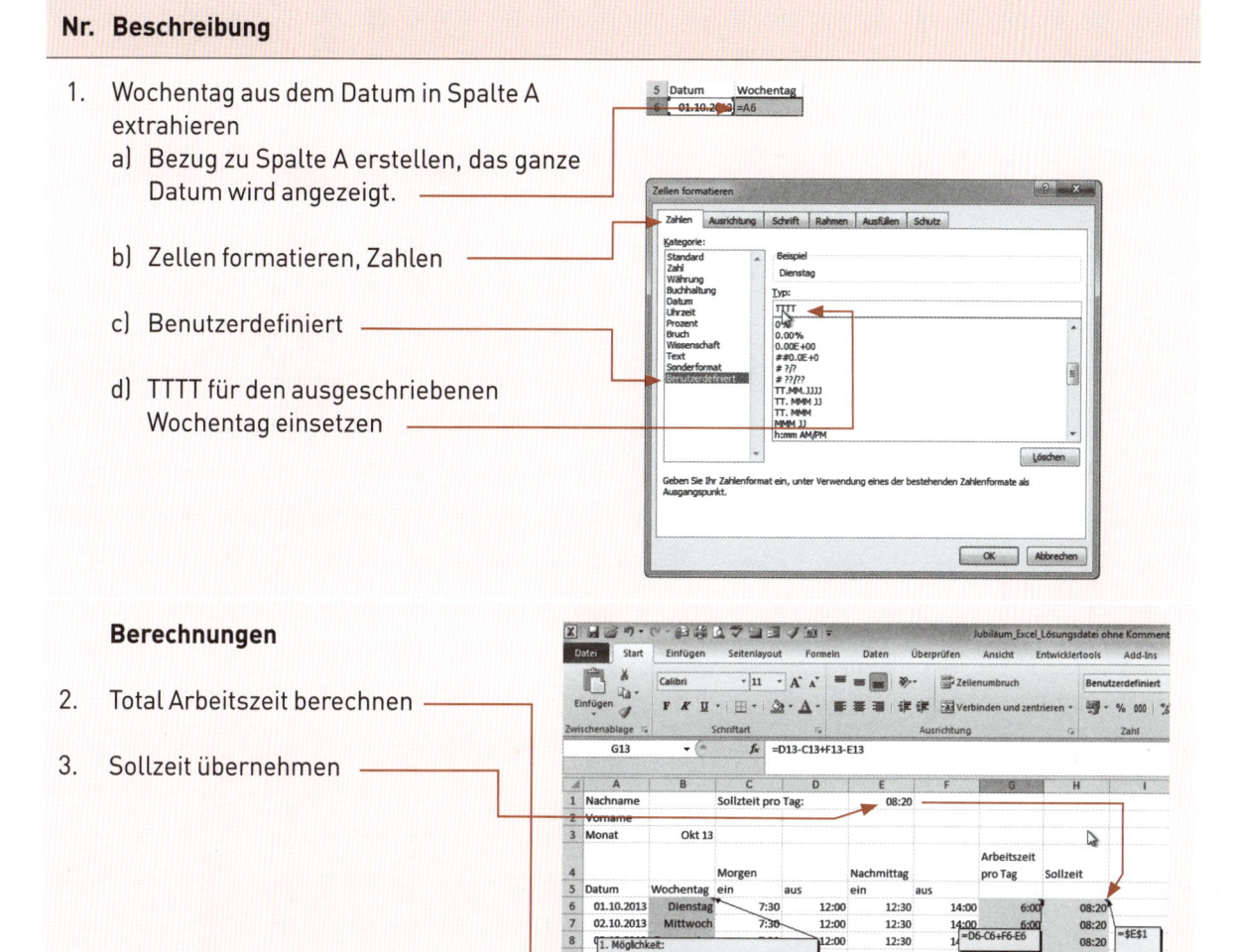

Nr.	Beschreibung

1. Wochentag aus dem Datum in Spalte A extrahieren
   a) Bezug zu Spalte A erstellen, das ganze Datum wird angezeigt.
   b) Zellen formatieren, Zahlen
   c) Benutzerdefiniert
   d) TTTT für den ausgeschriebenen Wochentag einsetzen

Berechnungen

2. Total Arbeitszeit berechnen
3. Sollzeit übernehmen

4. **Total Arbeitszeit**
   =summe(G6:G28)
   Eckige Klammern [h]:mm
   in der Zellformatierung setzen

5. Überzeit:
   =WENN(G30>**H30**;G30-**H30**;0)

6. Minuszeit:
   =WENN(**H30**>G30;**H30**-G30;0)

   Hinweis: Uhrzeiten unter Null können nicht dargestellt werden, deshalb zwei Berechnungen.

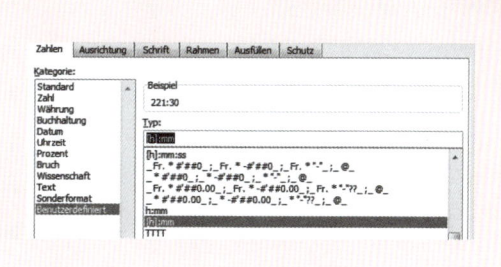

Intensivtraining IKA

Nr.	Beschreibung

7. Bedingte Formatierung

a) Regel wählen, Grösser als …

b) 18:00 Uhr eingeben

c) Roter Text

8. Auszahlung Überstunden berechnen
=Stunden * Lohn * 24

Sie rechnen Dezimalwerte * Stundenwerte

Damit das Resultat als dezimaler Wert ausgegeben werden kann, **müssen Sie die Berechnung mit 24 multiplizieren!**

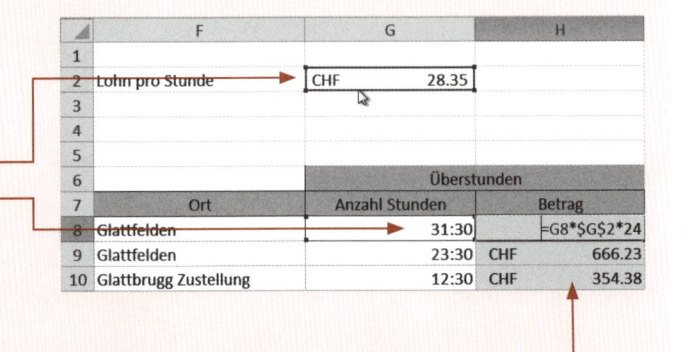

Hinweis: Nicht verwechseln mit den eckigen Klammern [ ]. Diese Formatierung benötigen Sie bei Stundenberechnungen (immer im Stundenformat), die über 24 Stunden gehen (siehe obige Aufgaben).

9. 5er-Rundung:
=runden(H8*20;0)/20

Für die 5er-Rundung gibt es mehrere Formeln, die korrekt sind.
Hinweis: Benutzen Sie nicht VRUNDEN, da diese Formel fehlerhaft ist (z. B. beim 5er-Runden von 12.725).

Ein **Tipp** fürs Runden, der auch bei komplexen Berechnungen funktioniert: Machen Sie es in zwei Schritten:

1. Berechnen Sie das Resultat und setzen Sie eine Klammer davor und dahinter:
   =(G8*$G$2*24).
2. Fügen Sie die Rundenformel vorn und hinten an:
   =runden(*20;0)/20.
3. Das Resultat:
   =runden((G8*$G$2*24)***20;0)/20**

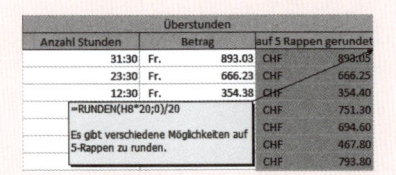

Nr.	Beschreibung	
10.	=ZÄHLENWENN(A8:A108;"Frau")	
	=ZÄHLENWENN(A8:A108;"Herr")	
11.	=SUMMEWENN(A8:A108;"Frau"; H8:H108)	
	=SUMMEWENN(A8:A108;"Herr"; H8:H108)	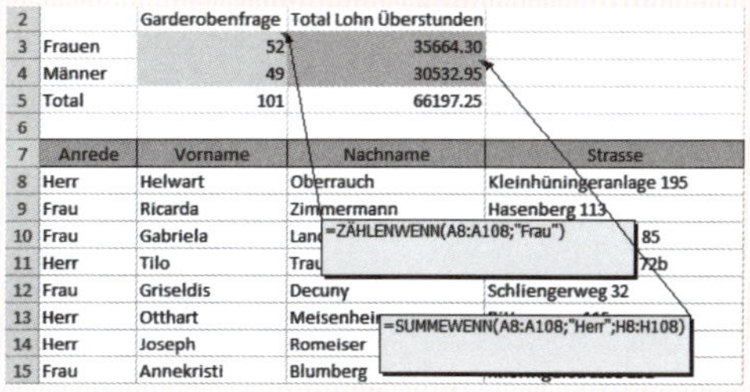
12.	=summe(B3:B30)	
13.	**Prozentanteil berechnen**	
	=Anteil/Ganzes Zellenwerte als Prozente (%) formatieren	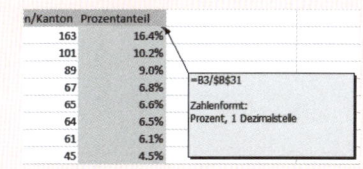
14.	**Sortieren nach mehreren Werten**	
	a) Benutzerdefiniertes Sortieren	
	b) Anzahl Kunden nach Grösse (absteigend)	
	c) Ebene hinzufügen	
	d) Kantone	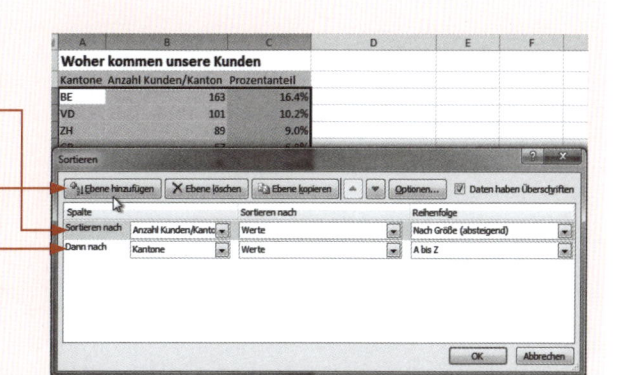
15.	**Kreisdiagramm erstellen**	
	a) Bereich A2:B8 markieren b) Register Einfügen | Gruppe Diagramme c) 2D-Kreis wählen d) Legende anklicken und mit «Delete-Taste» löschen	

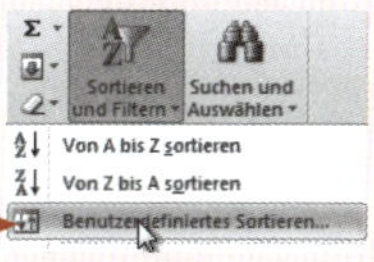

Intensivtraining IKA

Lösung zu 2.3, Tabellenkalkulation

Nr.	Beschreibung

16. **Diagramm** auf ein eigenes Tabellenblatt verschieben

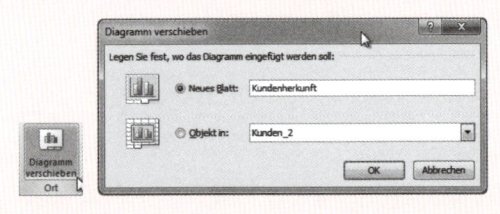

17. **Diagrammtitel**

    Geben Sie in der Bearbeitungsleiste den Zellbezug wie folgt ein:

    a) Klicken Sie den Titel an
    b) Schreiben Sie =
    c) Klicken Sie im Register Kunden_2 in die Zelle A1
    d) Drücken Sie die Enter-Taste
    e) Folgendes sollte nun stehen:
    f) =Kunden_2!$A$1

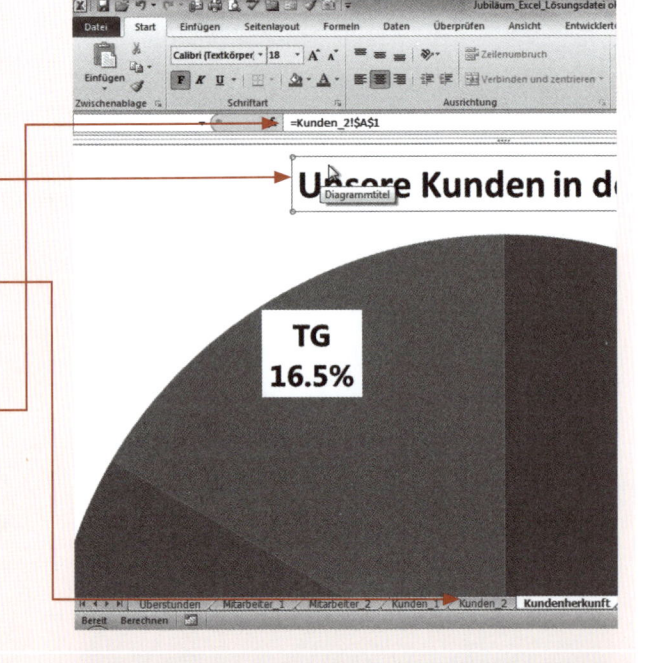

18. **Datenbeschriftungen**
    Rubriknamen und Prozentsatz

    a) Datenbeschriftungen
    b) Weitere Datenbeschriftungsoptionen
    c) Rubriknamen und Prozentsatz anwählen
    d) 1 Dezimalstelle
    e) Ende innerhalb
    f) Füllung
    g) Schrift: Register Start

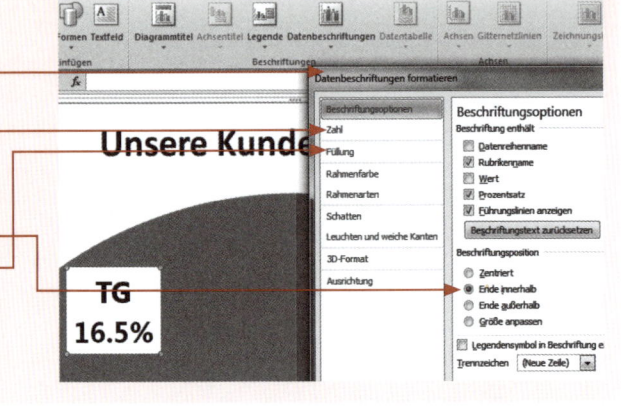

3.2.4 Präsentation

Nr.	Lösungsweg

1. **Folienmaster** (obersten Master) **formatieren**

   a) Register Ansicht
   b) Folienmaster wählen

   Titelmasterformat
   a) Folienmaster (obersten Master) auswählen
   b) Platzhalter Titelmaster markieren
   c) Schriftart Segoe UI
   d) Schriftgrösse 40 Pt.
   e) Schriftfarbe Blaugrün, Akzent 3, dunkler 50 %

   Textmasterformat
   a) Platzhalter Text markieren
   b) Schriftart Segoe UI wählen
   c) Schriftgrösse 25 Pt. wählen
   d) Schriftfarbe Blaugrün, Akzent 3, dunkler 50 % wählen

   Titelmasterformat im Layout Titelfolie
   a) Layout Titelfolie auswählen
   b) Platzhalter Titelmaster markieren
   c) Schriftgrösse 40 Pt. wählen

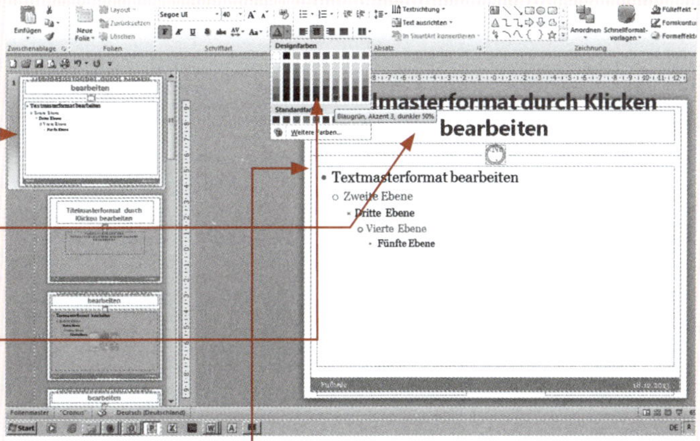

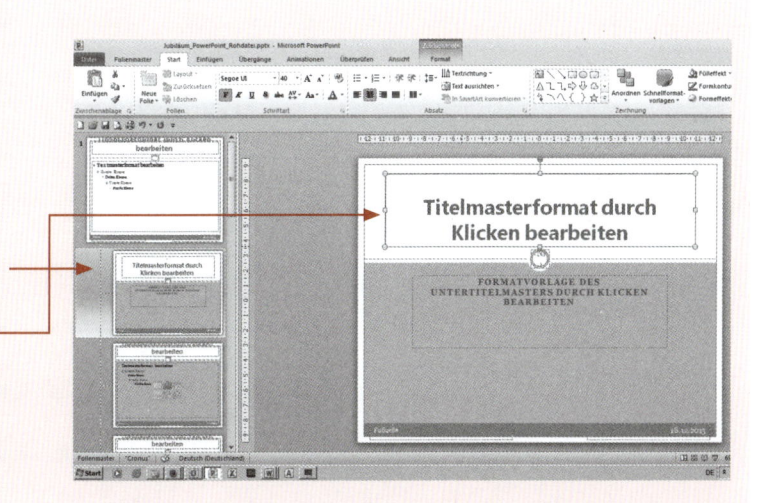

2. **Fusszeile und Datum formatieren**

   a) Folienmaster (obersten Master) auswählen
   b) Platzhalter für Fusszeile und Datum markieren
   c) Schriftart Segoe UI wählen
   d) Schriftgrösse 12 Pt. wählen
   e) Schriftfarbe Weiss wählen

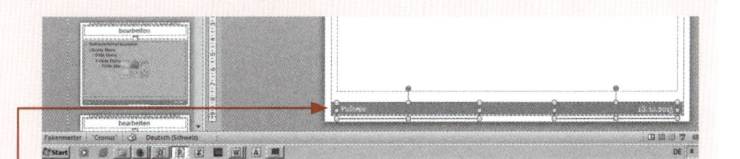

Lösung zu 2.3, Präsentation

Nr.	Lösungsweg

Firmenlogo einfügen

a) Register Einfügen
b) Grafik wählen
c) Datei auswählen und einfügen
d) Im Register Bildtools, Befehlsgruppe Grösse wählen
e) Höhe auf 2.5 cm einstellen

f) Rufen Sie das Dialogfenster Grösse und Position auf (oder über das Kontextmenü)
g) Wählen Sie die Option Position
h) Stellen Sie horizontal 20.9 cm und 0.7 cm vertikal ein

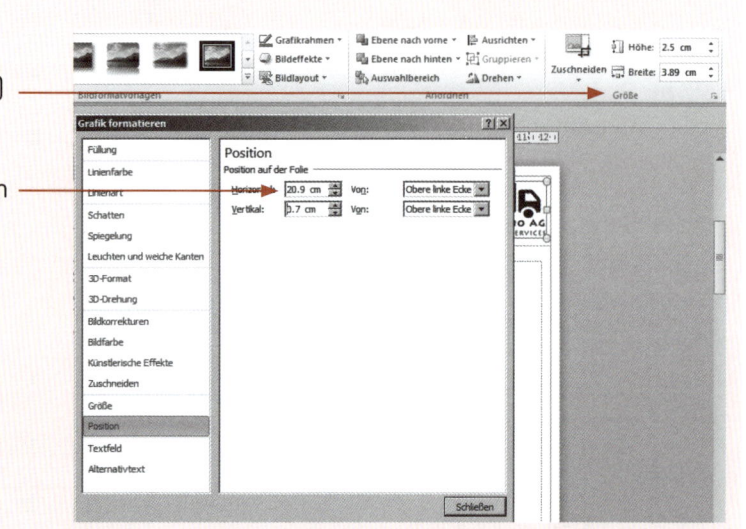

i) Platzhalter Titelmaster markieren
j) Grösse so verkleinern, dass er das Firmenlogo nicht überdeckt

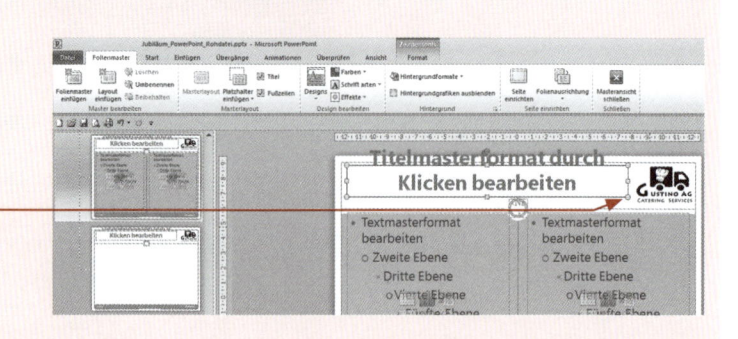

k) Wechseln Sie zum Layout 2, Inhalte
l) Verkleinern Sie auch hier den Platzhalter Titelmaster

Schliessen Sie den Folienmaster.

Nr.	Lösungsweg

3. **Kopf-/Fusszeile bearbeiten**

   a) Register Einfügen
   b) Kopf-/Fusszeile wählen
   c) Häkchen bei Fusszeile
   d) Tragen Sie für sich Vorname Name ein
   e) Häkchen bei Datum und Uhrzeit
   f) Wählen Sie bei «Automatisch aktualisieren» das Format xx. Monat 20xx
   g) Häkchen bei «Auf Titelfolie nicht anzeigen»
   h) Wählen Sie «Für alle übernehmen»

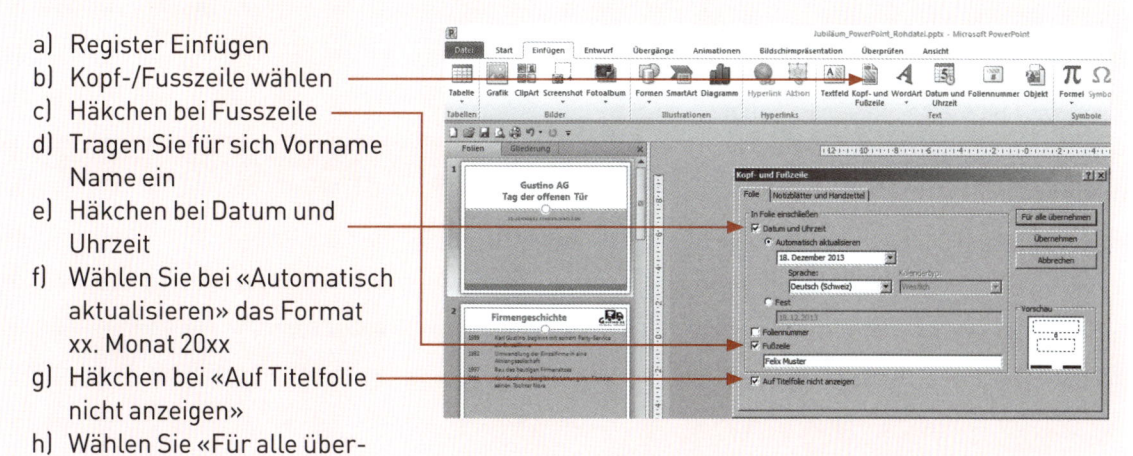

4. **Folie 2 (Firmengeschichte)**

   a) Markieren Sie den Platzhalter mit dem Text (Jahreszahlen und Ereignisse)
   b) Register Start wählen
   c) Dialogfenster Absatz aufrufen
   d) Kontrollieren bzw. stellen Sie Abstand vor und nach auf je 6 Pt. ein
   e) Wählen Sie beim Zeilenabstand die Option Mehrere und tragen Sie das Mass 1.25 ein

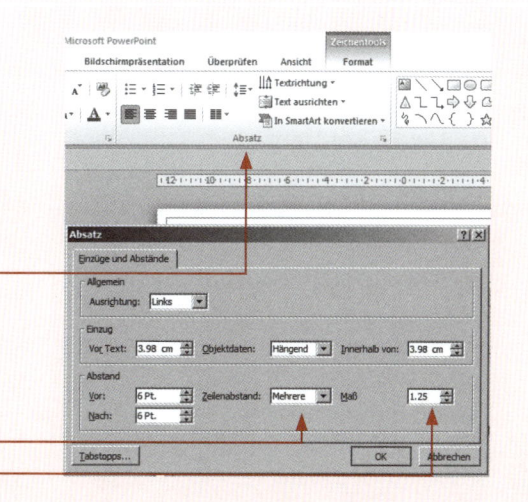

Intensivtraining IKA

Lösung zu 2.3, Präsentation

Nr.	Lösungsweg

5. **Folie 3** (Unser Angebot)

   a) Wechseln Sie zur 3. Folie (Unser Angebot)
   b) Markieren Sie den Platzhalter mit dem Text (drei Angebote)
   c) Register **Start**
   d) Wählen Sie **Nummerierung und Aufzählungszeichen**

   e) Wählen Sie **Bild ...**

   f) Klicken Sie auf Importieren, um den Kochhut einzufügen
   g) Wählen Sie das importierte Bild des Kochhutes

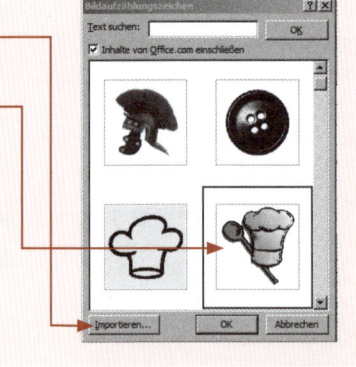

   h) Rufen Sie erneut das Dialogfenster Nummerierung und Aufzählungszeichen auf
   i) Markieren Sie das importierte Bild des Kochhutes
   j) Stellen Sie bei Grösse **200** % von Text ein.
   k) Gehen Sie in die Absatzeinstellungen und ändern Sie die Abstandeinstellungen gemäss den Angaben. Stellen Sie bei der Option Einzug **Vor Text** und **Innerhalb** von je 1.5 cm ein. Wählen Sie **Hängend** bei Objektdaten

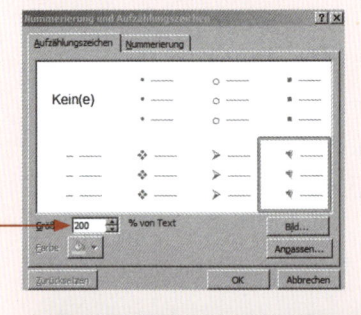

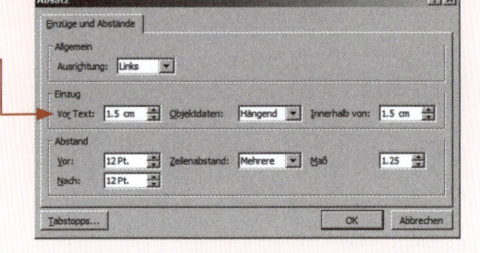

Nr.	Lösungsweg

6. **Text kopieren**

   a) Öffnen Sie die Word-Datei Jubiläum_ PowerPoint_Texte.docx und kopieren Sie den gelb hinterlegten Text

   b) Wechseln Sie zur Folie 4 (Catering/Party-Service)

   c) Klicken Sie in den linken Platzhalter und fügen Sie den kopierten Text mithilfe des Kontextmenüs mit Einfügen (Zieldesign verwenden) ein

   d) Markieren Sie den linken Platzhalter
   e) Rufen Sie im Register Start das Dialogfenster Absatz auf
   f) Stellen Sie bei Abstand vor und nach je 6 Pt. ein

Bild einfügen

   g) Klicken Sie im rechten Platzhalter auf das Icon Grafik aus Datei einfügen

   h) Wählen Sie das Bild Jubiläum_ PowerPoint_CateringBuffet.jpg

   i) Rufen Sie mit der rechten Maustaste im Kontextmenü die Option «Grösse und Position» auf

   j) Stellen Sie die Breite auf 11 cm

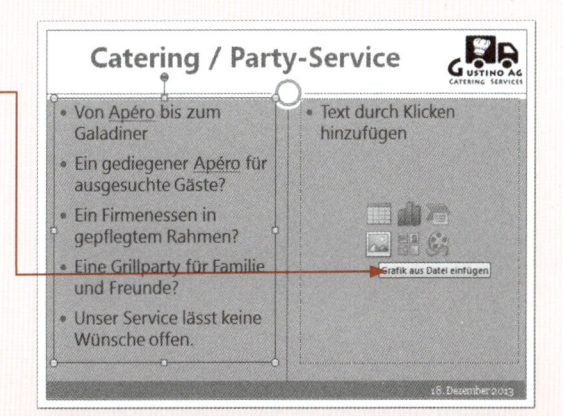

   k) Wechseln Sie zur Option Position

   l) Stellen Sie bei Horizontal 0.6 cm ein, anstelle von Obere linke Ecke wählen Sie Zentriert

   m) Stellen Sie bei Vertikal -2.5 cm ein, anstelle von Obere linke Ecke wählen Sie Zentriert

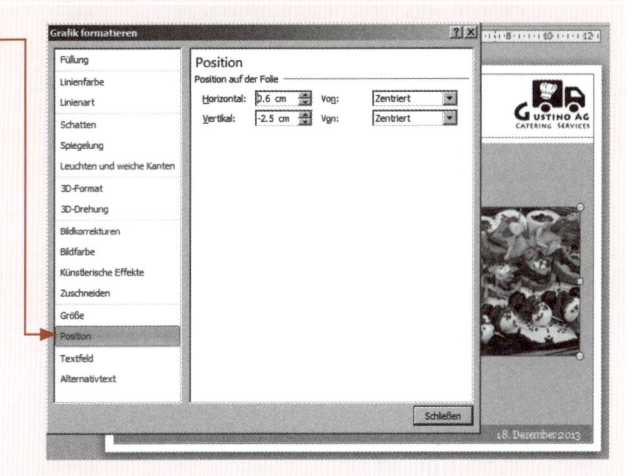

Nr. Lösungsweg

7. Tabelle und Diagramm

a) Öffnen Sie die Excel-Datei Jubiläum_PowerPoint_UmsatzPersonal.xlsx und kopieren Sie die Zahlen und Texte in der Tabelle Zahlen
b) Wechseln Sie zurück zur Folie 5 (Umsatz und Mitarbeiter)
c) Klicken Sie im linken Platzhalter auf das Icon Tabelle einfügen
d) Stellen Sie bei Spalten die Zahl 3 und bei Zeilen die Zahl 11 ein

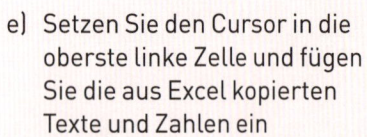

e) Setzen Sie den Cursor in die oberste linke Zelle und fügen Sie die aus Excel kopierten Texte und Zahlen ein
f) Markieren Sie die Tabelle und ändern Sie die Schriftart: Segoe UI
g) Ändern Sie die Schriftgrösse auf 16 Pt., fett

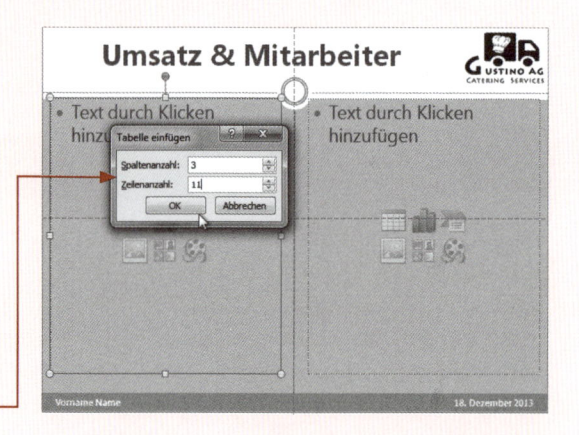

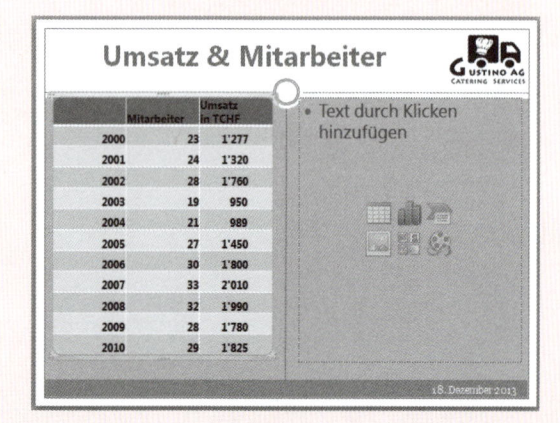

h) Wechseln Sie zurück zur **Excel-Tabelle**
i) Wählen Sie das Register **Grafik**
j) Kopieren Sie das Excel-Diagramm
k) Wechseln Sie zurück zur **Folie 5** (Umsatz und Mitarbeiter)
l) Klicken Sie in den rechten Platzhalter
m) Fügen Sie mithilfe des Kontextmenüs (rechte Maustaste) das kopierte Diagramm ein (Zieldesign verwenden)

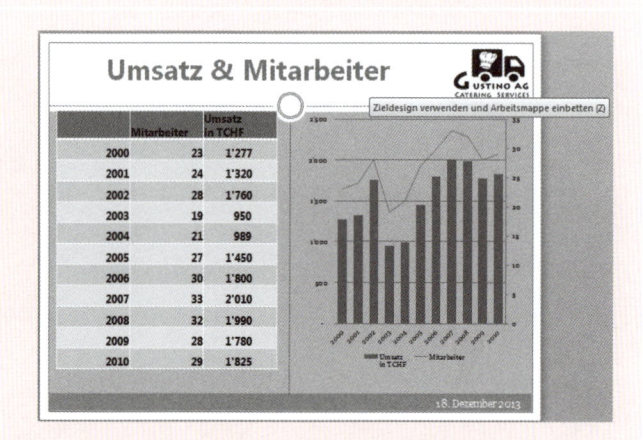

Nr.	Lösungsweg

8. **Bilder animieren**

   a) Wechseln Sie zur Folie 6 (Bildergalerie)
   b) Register Einfügen
   c) Über den Befehl Grafik wählen Sie die beiden Dateien Jubiläum_PowerPoint_Catering1.jpg und Jubiläum_PowerPoint_Catering2.jpg
   d) Markieren Sie die beiden Bilder und stellen Sie deren Breite mithilfe des Befehls Grösse und Position im Kontextmenü (rechte Maustaste) auf 15 cm ein
   e) Das Bild mit den Muscheln muss hinter dem Bild mit dem Partyzelt liegen. Mit Rechtsklick auf das Bild wählen Sie Hintergrund/Vordergrund, um dies einzustellen

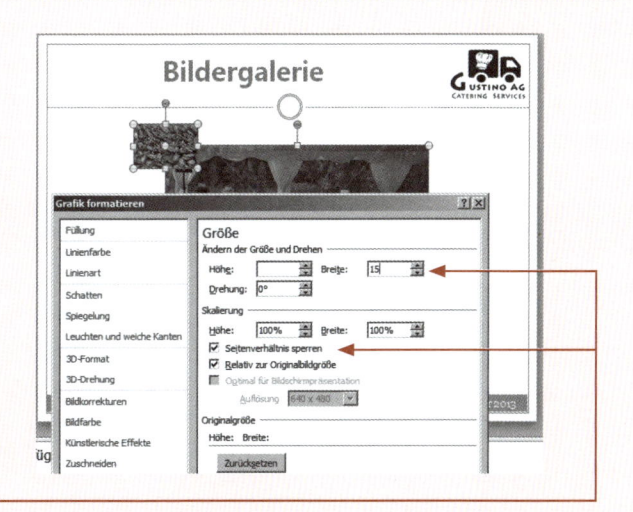

Lösung zu 2.3, Präsentation

3

Nr.	Lösungsweg
	a) Markieren Sie beide Bilder und wählen Sie im Register **Animationen den Eingangseffekt Verblassen**
	b) Stellen Sie bei der **Dauer** die Zahl **2** (für 2 Sekunden) ein
	c) Beide Bilder sind immer noch markiert
	d) Wählen Sie in der Gruppe **Anzeigedauer** bei **Start:** die Option **Nach Vorherigen**
	a) Markieren Sie nur noch das Bild vom Partyzelt
	b) Wählen Sie in der Gruppe **Anzeigedauer** bei **Verzögerung:** die Zahl **3** (für 3 Sekunden)

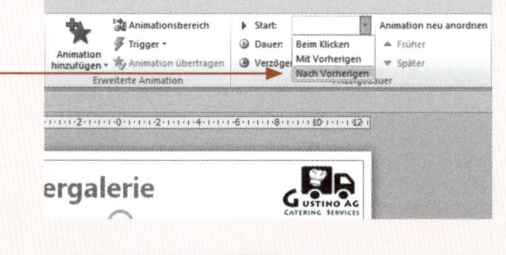

Nr.	Lösungsweg

9. **Folienübergang**

   a) Wählen Sie im Register Übergänge einen beliebigen Übergangseffekt
   b) Bei «Nächste Folie nach»: Stellen Sie 4 Sekunden ein.
   c) Bestätigen Sie die Wahl des Überganges und die Dauer mit einem Klick auf «Für alle übernehmen»
   d) Stellen Sie nun die Anzeigedauer von Folie 6 auf 12 Sekunden zurück

10. **Abschlussarbeiten**

    a) Wechseln Sie ins Register Bildschirmpräsentation
    b) Klicken Sie auf Bildschirmpräsentation einrichten.
    c) Setzen Sie ein Häkchen bei «Wiederholen, bis ESC» gedrückt wird

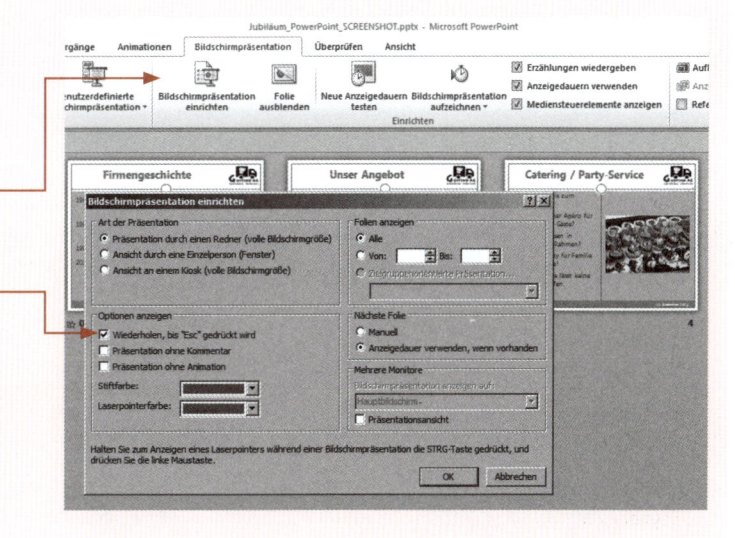

3.3 Lösungen zu Kapitel 2.4 – Neues Produkt

3.3.1 Textgestaltung

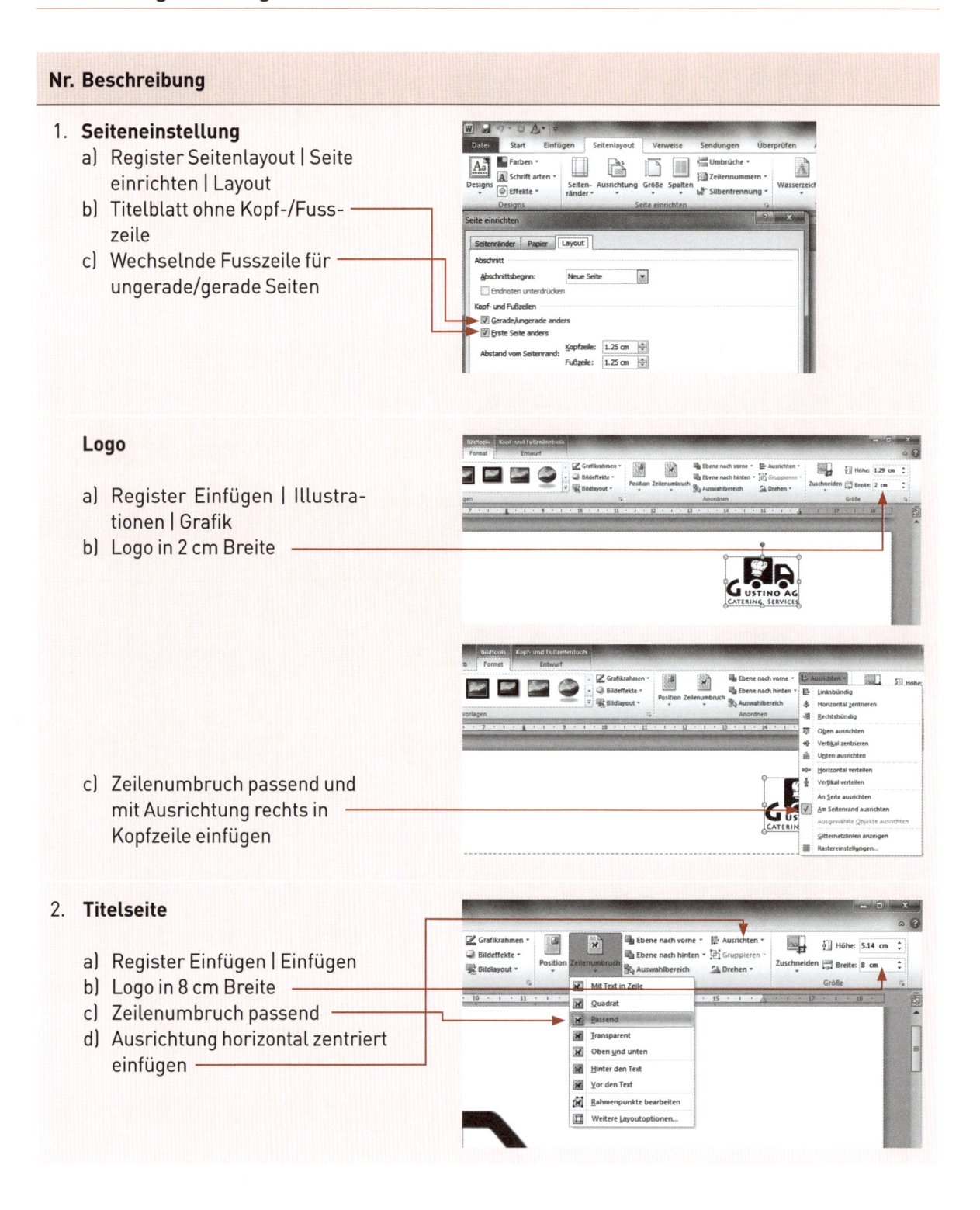

Nr.	Beschreibung	
1.	**Seiteneinstellung** a) Register Seitenlayout | Seite einrichten | Layout b) Titelblatt ohne Kopf-/Fusszeile c) Wechselnde Fusszeile für ungerade/gerade Seiten	
	Logo a) Register Einfügen | Illustrationen | Grafik b) Logo in 2 cm Breite c) Zeilenumbruch passend und mit Ausrichtung rechts in Kopfzeile einfügen	
2.	**Titelseite** a) Register Einfügen | Einfügen b) Logo in 8 cm Breite c) Zeilenumbruch passend d) Ausrichtung horizontal zentriert einfügen	

Nr.	Beschreibung

Zwischentitel
«Neu: Marroni-Dessert»

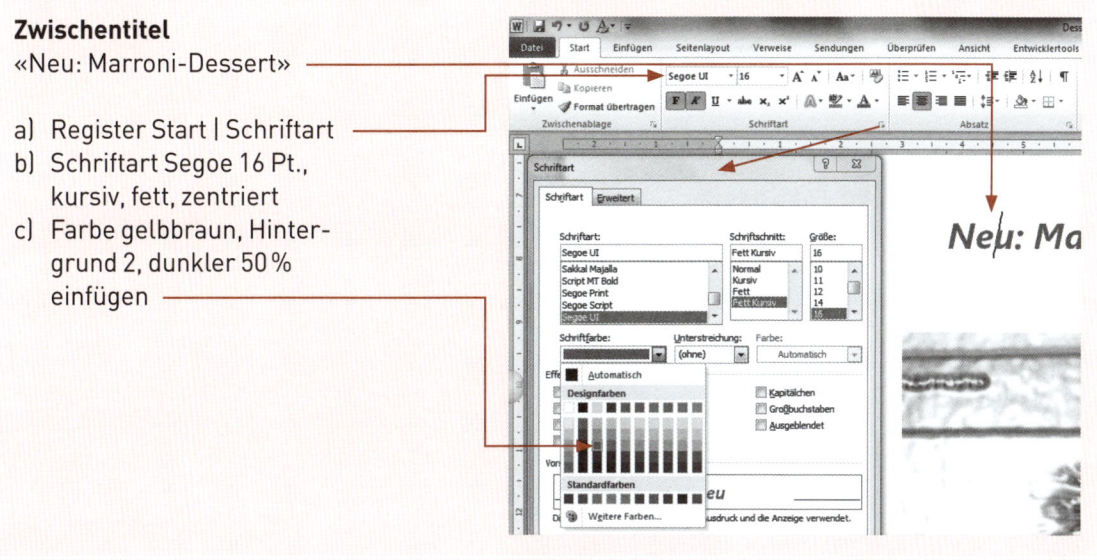

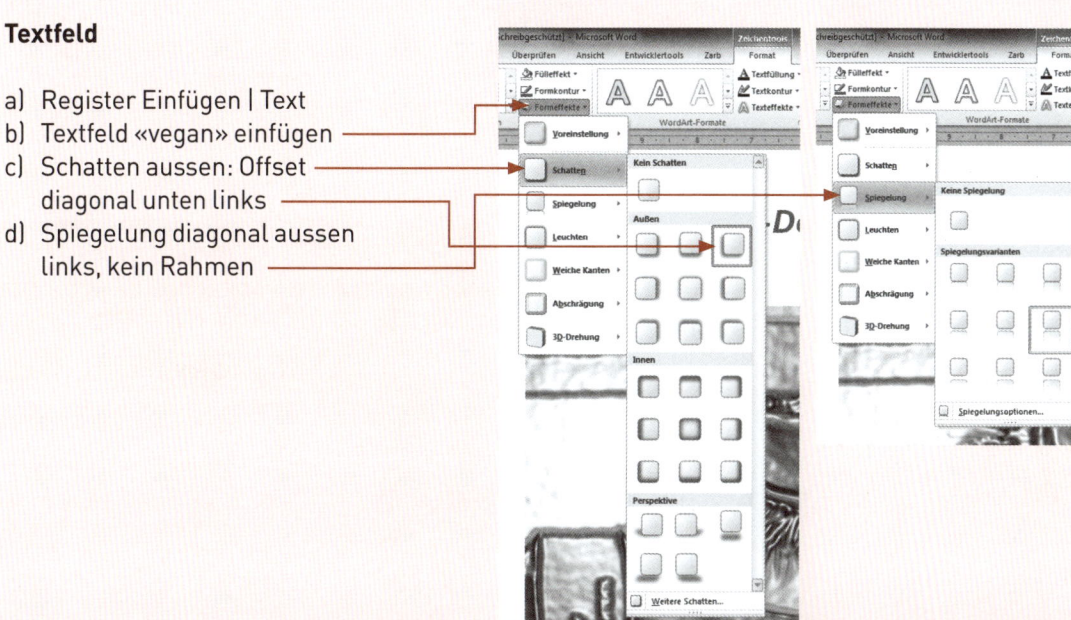

a) Register Start | Schriftart
b) Schriftart Segoe 16 Pt., kursiv, fett, zentriert
c) Farbe gelbbraun, Hintergrund 2, dunkler 50 % einfügen

Textfeld

a) Register Einfügen | Text
b) Textfeld «vegan» einfügen
c) Schatten aussen: Offset diagonal unten links
d) Spiegelung diagonal aussen links, kein Rahmen

Bild

a) Register Einfügen | Illustrationen | Grafik
b) Bild Marroni-Dessert, 10 cm Breite, Zeilenumbruch passend, Ausrichtung zentriert
c) Künstlerischer Effekt «Plastikfolie»

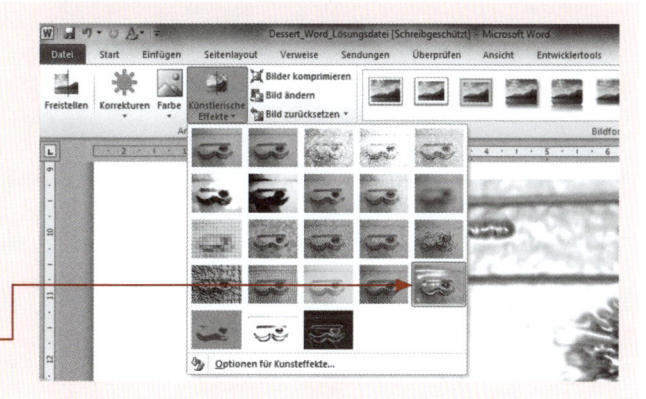

Intensivtraining IKA

Lösung zu 2.4, Textgestaltung

Lösung zu 2.4, Textgestaltung

Nr.	Beschreibung
3.	**Formatvorlagen** zuweisen (Register Start | Formatvorlagen)
4.	**1. Abschnitt** a) Register Seitenlayout	Seite einrichten	Spalten	weitere Spalten b) 2 Spalten c) Zwischenlinie d) 0.5 cm Abstand zwischen den Spalten
5.	Fussnote beim Wort «Vegetarier» einfügen, Platzierung am Seitenende (Register Verweise | Fussnoten) Formatformatierung: Segoe UI, Schriftgrösse 8 Pt.

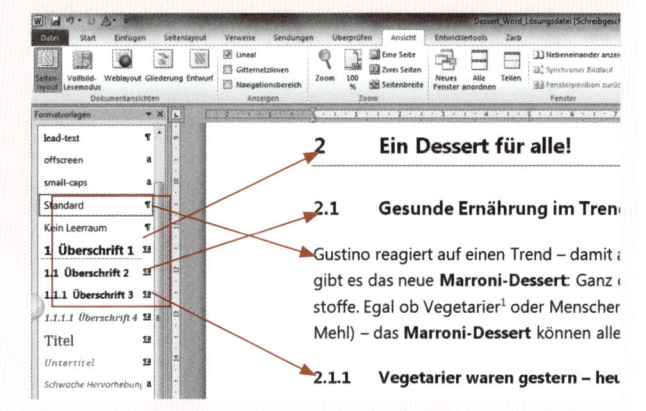

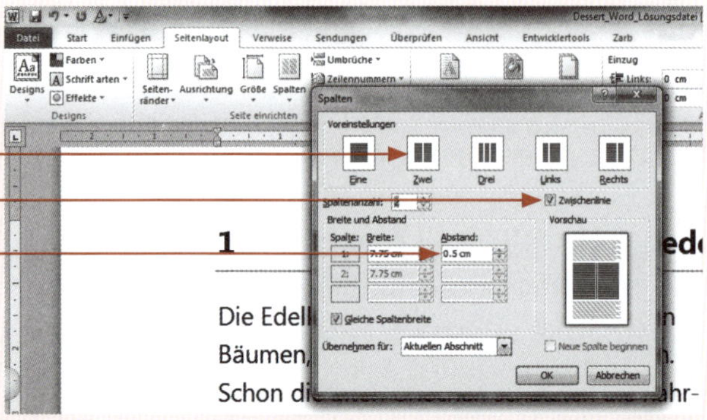

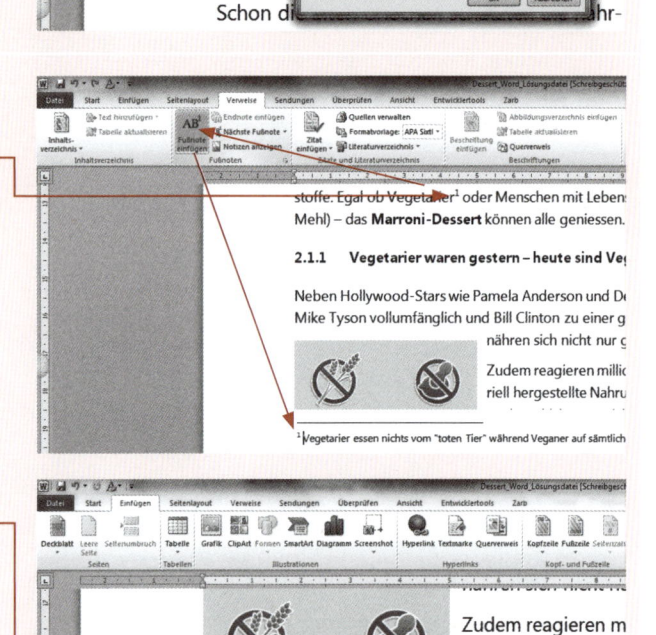

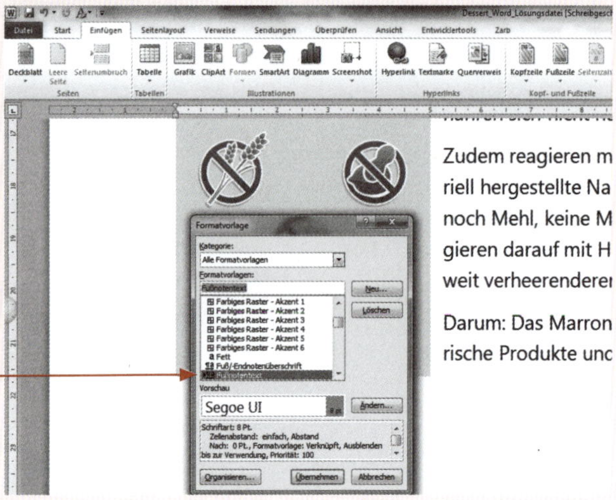

Nr.	Beschreibung		✓

6. **Bild Allergien einfügen**

   a) Register Einfügen | Illustrationen | Grafik
   b) 5 cm Breite
   c) Zeilenumbruch passend, Ausrichtung links

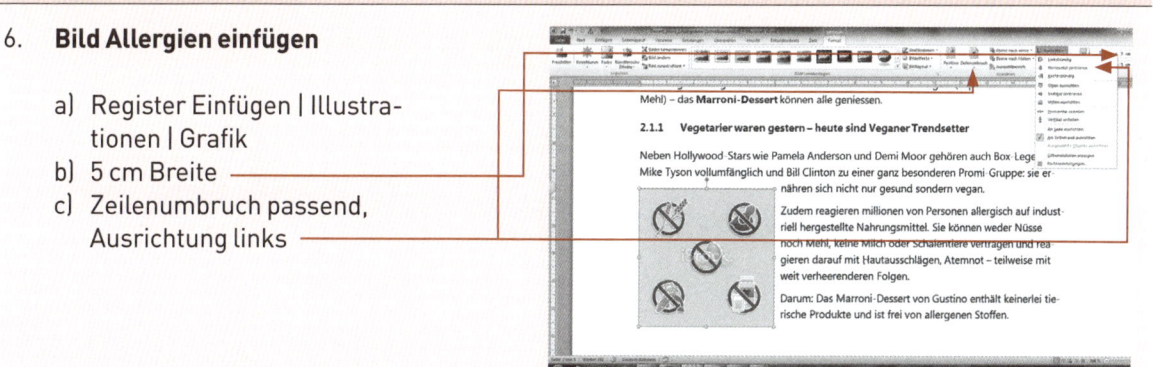

7. **Hyperlink** http://www.vegan.ch/ bei «Veganen Gesellschaft Schweiz» einfügen (Register Einfügen | Hyperlinks)

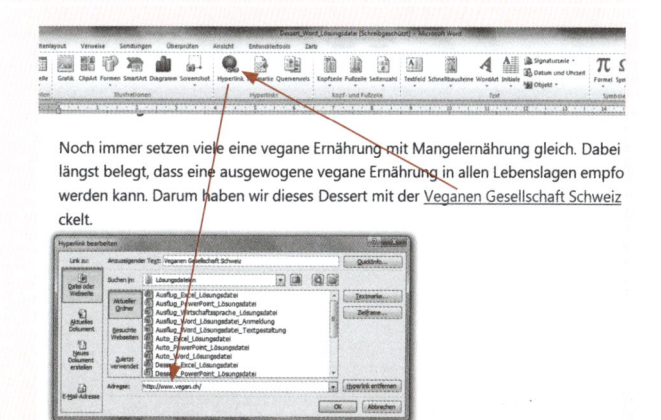

8. **Tabelle einfügen**

   a) Text markieren
   b) Register Einfügen | Tabellen | Text in Tabelle
   c) Einzug rechts 1.5 cm einstellen, Entwurf Layout helle Liste Dessert_Word_Screenshot_15
   d) Spaltenbreite 1.5 cm und 4.5 cm festlegen
   e) Zellbegrenzung auf allen Seiten 0.1 cm einstellen

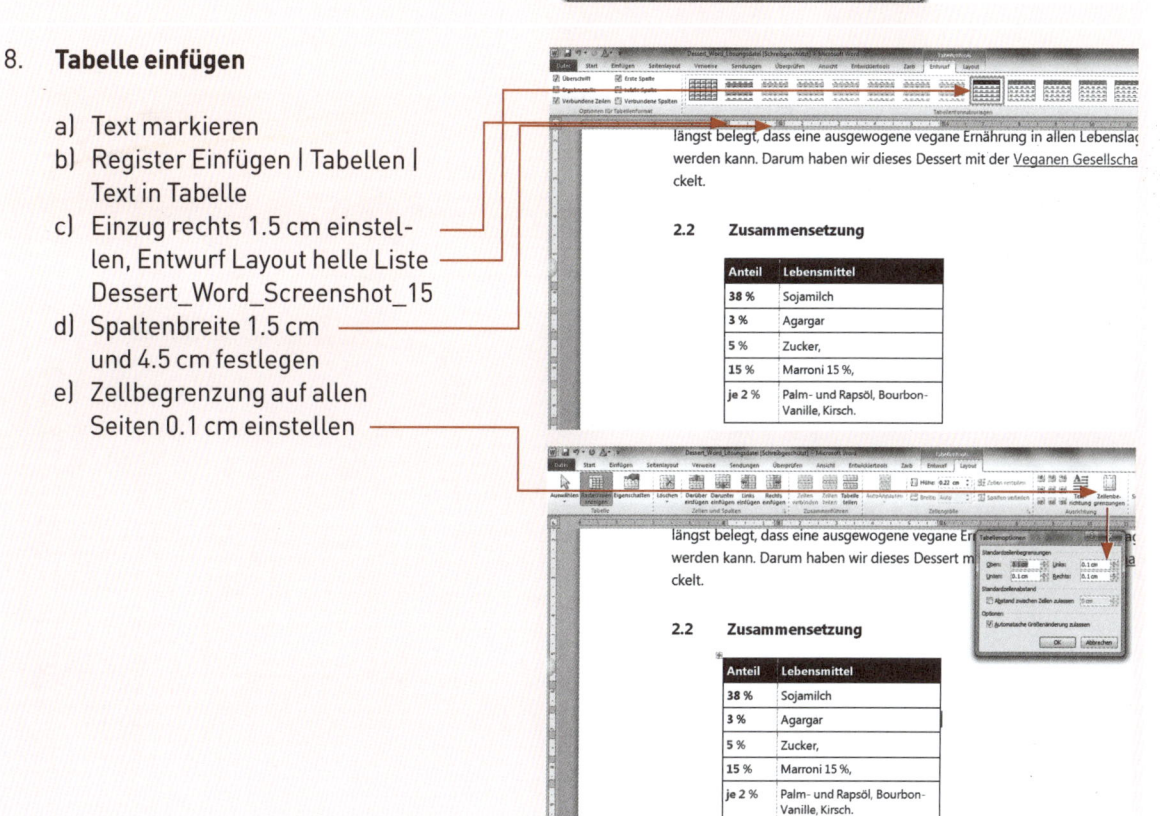

Lösung zu 2.4, Textgestaltung

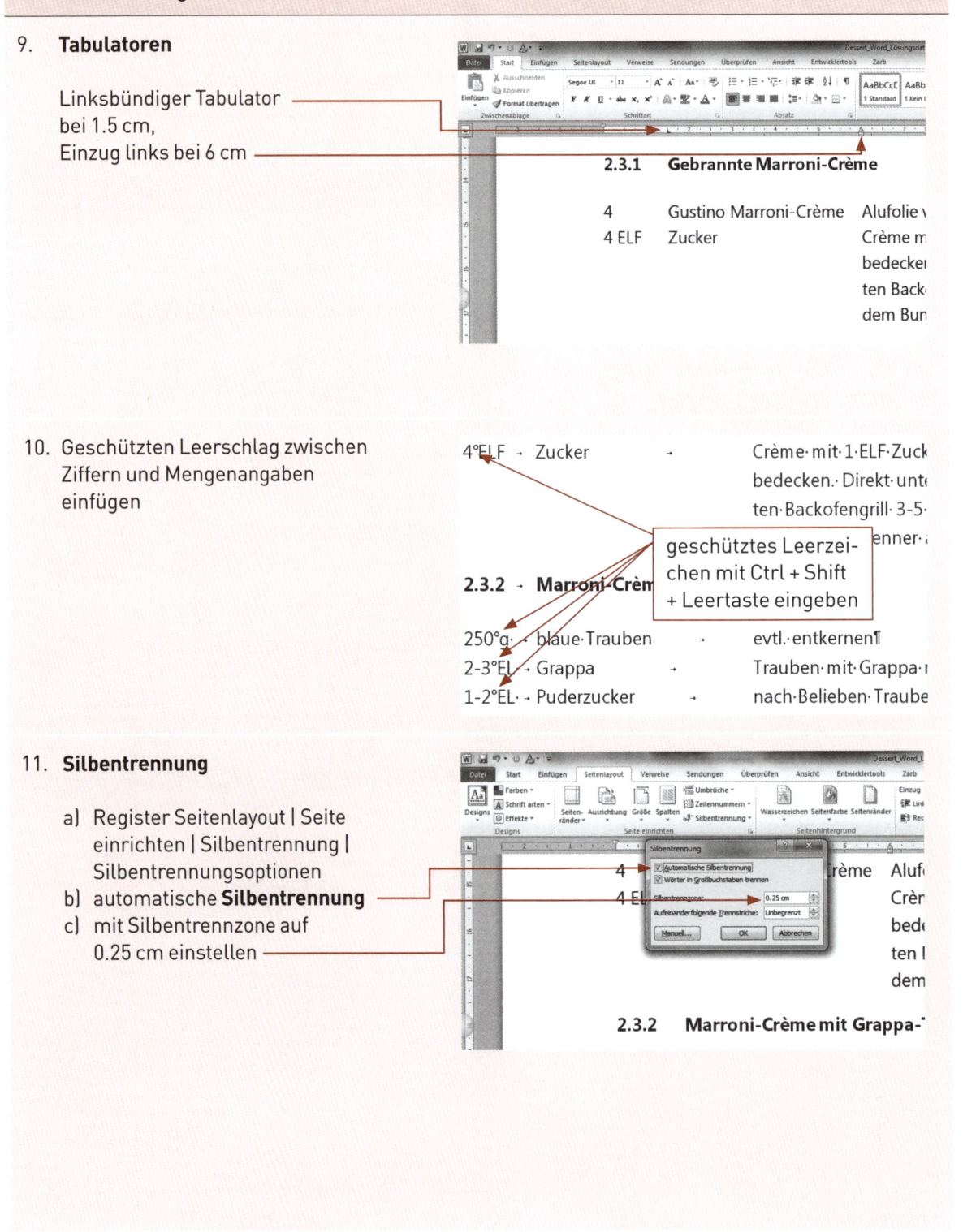

Nr.	Beschreibung
9.	**Tabulatoren** Linksbündiger Tabulator bei 1.5 cm, Einzug links bei 6 cm
10.	Geschützten Leerschlag zwischen Ziffern und Mengenangaben einfügen geschütztes Leerzeichen mit Ctrl + Shift + Leertaste eingeben
11.	**Silbentrennung** a) Register Seitenlayout	Seite einrichten	Silbentrennung	Silbentrennungsoptionen b) automatische **Silbentrennung** c) mit Silbentrennzone auf 0.25 cm einstellen

3.3.2 Wirtschaftssprache: Korrekturhilfe

Thema		Bemerkungen (bei Bedarf)	Max.
Darstellung			
Abstandsfehler *Abstände zwischen den Absätzen*			
Schriftgrad/Schrift *Gemäss Vorgaben Ihrer Schule*			
Hervorhebung *Fett, Kursiv, Darstellung (z. B. Konditionen bei Angeboten)*			3
Kopf-/Fusszeile			
Falsche Textposition *(Datum, Empfängeradresse, Grussformel)*			
Blocksatz *Text links ausrichten, Flattersatz rechts (Silbentrennung)*			
Schreibregel			
Inhalt			
Rahmentext 1 (Empfänger/Datum/Betreff)			
Rahmentext 2 (Grussformel/Unterschrift/Firma/Beilagen)			
Logischer Aufbau			
Textmenge			
Aufbau/Inhalt gemäss Buch	Aufmerksamkeit erregen / Grund fürs Schreiben		13
	Interesse wecken / veganes Produkt		
	Besitzwunsch/sofort verfügbar		
	Zum Handeln auffordern: Müsterchen testen		
Sprache (Stil, Ton, Rechtschreibung, Grammatik)			
Rechtschreibung			
Satzzeichen			
Grammatik			
Fremdwörter			9
Wortwiederholungen			
Wortwahlfehler			
Stilmangel/Ton			
Floskelsätze			
Total			25

3.3.3 Tabellenkalkulation

Lösungsweg Dessert | Excel

Nr.	Beschreibung

1. **Lohnkosten**

Anhand des Chefkochs des Tages und der Stundenansätze in der Matrix C18:C20 muss der Stundenlohn gewählt werden. SVERWEIS ist dazu ideal:

=SVERWEIS(C6;$C$18:$D$20;2; FALSCH)*D6

Als weniger geeignete Lösung ist auch eine verschachtelte Wenn;Dann;Sonst-Formel möglich.

=WENN(C6=$C$18;$D$18;WENN (C6=$C$19;$D$19;$D$20)*D6)

Haben Sie diesen Weg gewählt? Testen Sie auch SVERWEIS.
ENN(C6=$C$19;$D$19;$D$20)*D6) Haben Sie diesen Weg gewählt? Testen Sie auch SVERWEIS.

C6	= Suchkriterium (Chefkoch am Montag 28.10.)
$C$18:$D$20	= Matrix = Tabelle mit den Lohnansätzen (absoluter Bezug mit $, um Formel nach unten kopieren zu können)
2	= Spaltenindex (zweite Spalte von links = Stundenlohn)
FALSCH	= Bereich Verweis Genaue Übereinstimmung
D6	= gearbeitete Stunden

Mit dem Funktionsassistenten sieht SVERWEIS so aus:

2. **Lohn Wo. 44 + 45**

=SUMMEWENN($C$6:$C$15;C18;$E$6:$E$15)

$C$6:$C$15	= Bereich (absoluter Bezug mit $, um Formel nach unten kopieren zu können)
C18	= Suchkriterien (Namen der Köche)
$E$6:$E$15	= Summe_Bereich (absoluter Bezug mit $, um Formel nach unten kopieren zu können)

Wenn Sie es übersichtlich mögen, hilft Ihnen auch hier der Funktionsassistent.

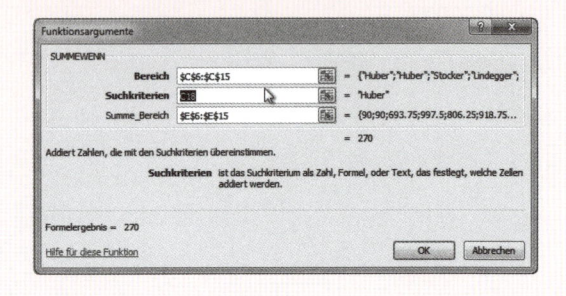

Intensivtraining IKA

Nr.	Beschreibung

3. **Total Lohnkosten**

   =SUMME(J18:J20)

4. **Buchhaltungsformat**

   a) Register Start | Zahl
   b) Buchhaltungsformat CHF

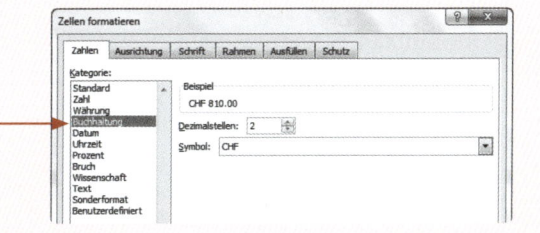

5. **Total Menge**

   =SUMME(B10:B17)

   Falsch sind:
   =B10+B11+B12+B13+B14+B15+B16+B17
   =summe(B10+B11+B12+...)

6. **Bestellwert**

   =B10*C10

   Tipp – Werden Sie schneller in Excel
   Füllen Sie die Werte nicht durch Ziehen nach
   unten aus, sondern durch Doppelklick auf den
   Anfasspunkt. Sofort ist die ganze Spalte nach-
   geführt. Testen Sie es!

7. **% vom Bestellwerttotal**

   a) =D10/$D$18
   b) Register Start | Zahl
   c) Prozentformat
   d) 2 Nachkommastellen

   $D$18 = Total Bestellwert (absoluter
   Bezug mit $, um Formel nach
   unten kopieren zu können)

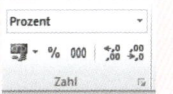

8. **Rabatt in %**

   =WENN(B10>8000;$G$6;
   WENN(B10>2000;$G$5;0))

   Verschachtelte WENN-Formel:

   >8000 Stück wird Wert G6 (4.2 %) gewählt,
   >2000 Stück der Wert G5 (2.8 %) und
   sonst (<2000) den Rest 0.

9. **Rabatt in Franken**

   =D10*F10

   Total nach Rabatt:

   =D10-G10

   Falsch sind Formeln dieser Art:

   =summe(D10*F10)
   =summe(D10-G10)

   Summe wird nur für eine Addition verwendet.
   In der Klammer steht der Bereich, der zusam-
   mengezählt wird.

10. **Kosten Verpackungsmaterial**

    =B10/500*$J$5

    Menge dividiert durch 500 für Anzahl
    Schachteln
    multipliziert mal 10 Franken

Lösung zu 2.4, Tabellenkalkulation

Lösung zu 2.4, Tabellenkalkulation

Nr.	Beschreibung

11. Total nach Rabatt zuzüglich Kosten Verpackungsmaterial

=H10+I10

12. Total abzüglich 2 % Skonto

=J10-J10*$J$6

Total Umsatz:

=SUMME(K10:K17)

13. Tabellenblatt «Verkaufspreis»

A7 = ‹Stundenblatt Chefkoch›!E22
H7 = ‹Bestellungen 20xx›!B18
H9 = ‹Bestellungen 20xx›!K18

Vorgehen zum Übernehmen von externen Daten (Beispiel Lohn Köche):

a) = in die Zelle A7 setzen
b) Im Stundenblatt Chefkoch die Zelle E22 anklicken
c) «ENTER»

14. Total Entwicklungskosten

=SUMME(A7:C7)

Total Produktionskosten

=SUMME(E7:F7)

Falsch sind

=A7+B7+C7
=summe(A7+B7+C7)

15. Kosten

=(G7*H7)+D7

«Total bestellte Menge» multipliziert mit «Total Produktionskosten pro Einheit» plus «Total Entwicklungskosten gesamt».

16. Gewinn

=H9-H10

17. Kreisdiagramm

a) Datenbereich A10:B17 auswählen
b) Register Einfügen
c) Diagramme: 3D-Kreis

Ergebnis ohne Formatierungen:

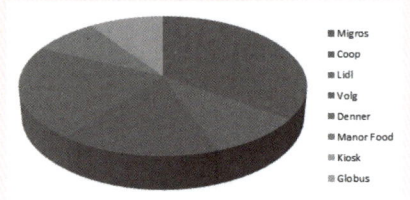

Nr.	Beschreibung	
		✓

18. Diagramm verschieben

a) Register Entwurf
b) Gruppe Ort

Diagramm verschieben
in «Neues Blatt»
Name: «Diagramm Detailhändler»

19. Diagramm formatieren

Register Diagrammtools, Layout
Gruppe Beschriftungen
a) Legende löschen
   Alternative: Legende anklicken, Taste «DELETE»

b) Diagrammtitel einfügen
   Über Diagramm
c) Doppelklick auf Titel
   Titel «Prozentuale Aufteilung der Bestellungen» eingeben
d) Register Start: Arial 20 Pt.

Diagramm Datenbeschriftung

a) Register Diagrammtools, Layout
b) Datenbeschriftung
c) Ende ausserhalb

d) Datenbeschriftung mit Maus auswählen
e) Rechtsklick aufs Diagramm «Datenbeschriftung formatieren»

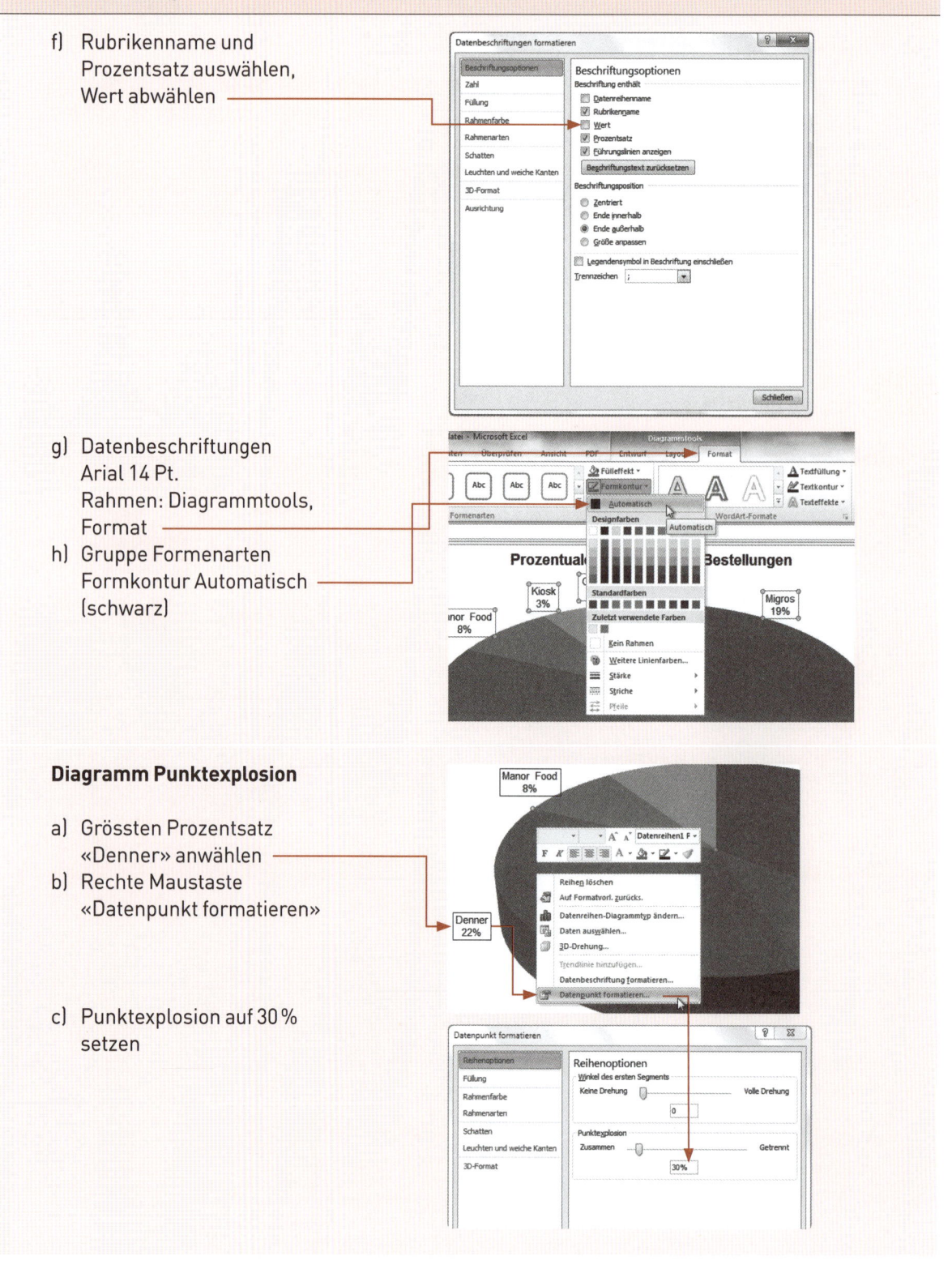

Nr. Beschreibung

f) Rubrikenname und Prozentsatz auswählen, Wert abwählen

g) Datenbeschriftungen Arial 14 Pt. Rahmen: Diagrammtools, Format

h) Gruppe Formenarten Formkontur Automatisch (schwarz)

Diagramm Punktexplosion

a) Grössten Prozentsatz «Denner» anwählen
b) Rechte Maustaste «Datenpunkt formatieren»
c) Punktexplosion auf 30 % setzen

3.3.4 Präsentation

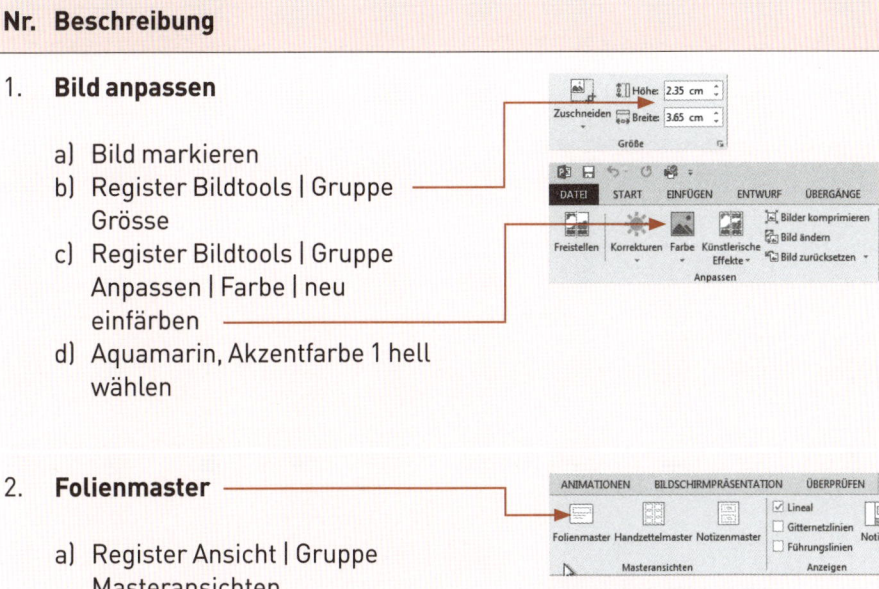

Nr.	Beschreibung

1. **Bild anpassen**

   a) Bild markieren
   b) Register Bildtools | Gruppe Grösse
   c) Register Bildtools | Gruppe Anpassen | Farbe | neu einfärben
   d) Aquamarin, Akzentfarbe 1 hell wählen

2. **Folienmaster**

   a) Register Ansicht | Gruppe Masteransichten
   b) Folienmaster
   c) Oberste Folie wählen
   d) Gewünschtes Bild einfügen und markieren
   e) Register Bildtools | Gruppe Anpassen | Farbe | neu einfärben
   f) Aquamarin, Akzentfarbe 1 hell wählen

3. a) Titelmastertext markieren
   b) Register Start | Dialogfeld Schriftart
   c) Vorgegebene Schriftdetails einstellen
   d) Wechsel in das Register Zeichenabstand und den vorgegebenen Abstand «Gesperrt» 3 Pt. einstellen
   e) Nicht vergessen Masteransicht schliessen

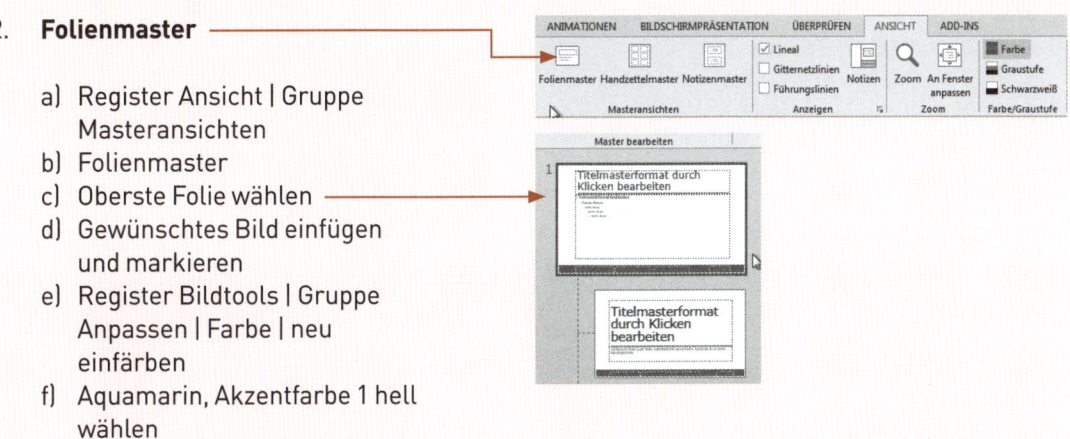

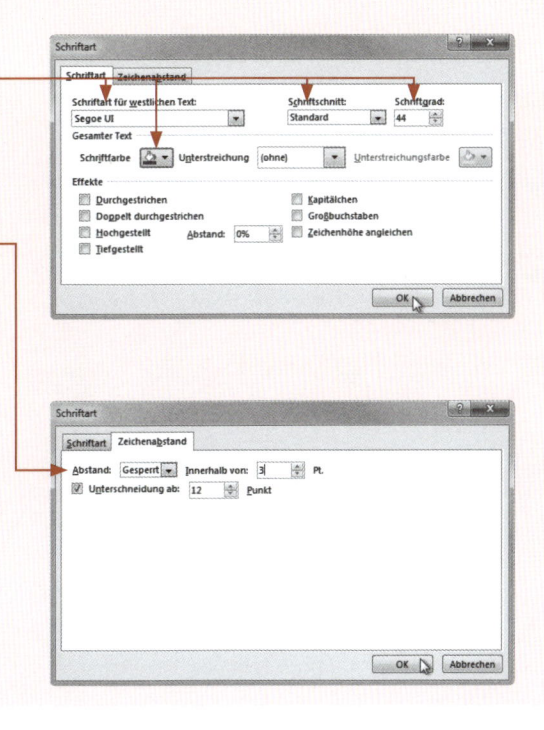

Lösung zu 2.4, Präsentation

Nr.	Beschreibung
4.	**Kopf- und Fusszeile** a) Register Einfügen	Gruppe Text	Kopf- und Fusszeile b) Anzeigen der Foliennummer, Vorname Nachname keine Kopf-/Fusszeile auf der Titelfolie c) Mit «für alle übernehmen» abschliessen
5.	**Bild freistellen** a) Bild markieren b) Bildtools Format	Grösse Bildhöhe anpassen c) Register Bildtools	Gruppe Anpassen d) Freistellen e) Bildauswahlbereich auf ganzes Bild vergrössern f) Mit (+) und (–) gewünschte Bereiche hinzufügen und/oder entfernen g) Abschliessen mit «Änderungen beibehalten»
6.	**SmartArt einfügen** a) Register Einfügen	Gruppe Illustrationen b) Gewünschtes SmartArt wählen «fortlaufender Blockprozess» c) SmartArt-Pfeil markieren und Farbe über Register SmartArt-Tools, Format	Formenarten den Fülleffekt anpassen (z. B. Olivgrün, Akzent 3, heller 80 %)

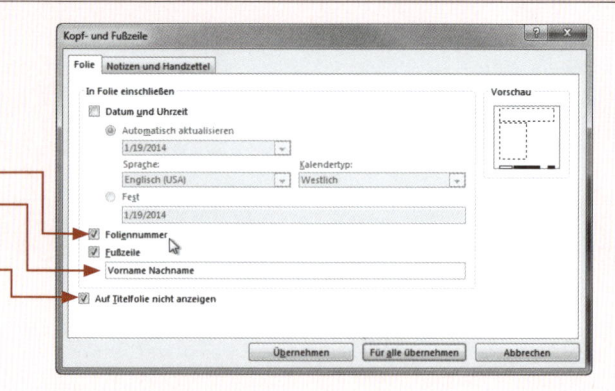

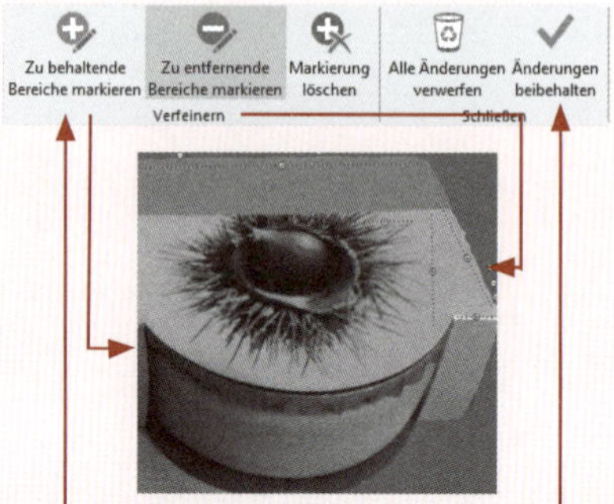

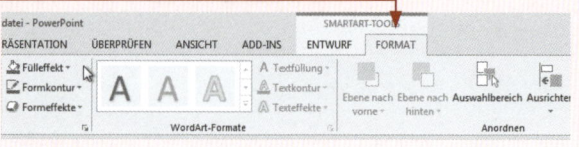

Nr.	Beschreibung

7. **Tabelle**

   a) Register Einfügen | Tabelle | 4 x 3 Zellen
   b) Bei allen Beträgen Einzug vergrössern. Allenfalls müssen Sie dazu im Register Ansicht das Lineal einblenden

   c) Tabulator rechts oder dezimal für Beträge setzen (evtl. mit Format übertragen arbeiten)

8. **Folienübergänge**

   a) Register Übergänge
   b) Übergang Teilen wählen
   c) Gruppe Anzeigedauer | Nächste Folie
   d) Zeit einstellen
   e) Für alle übernehmen wählen

9. **Bildschirmpräsentation**

   a) Register Bildschirmpräsentation
   b) Bildschirmpräsentation einrichten
   c) Ansicht an einem Kiosk wählen

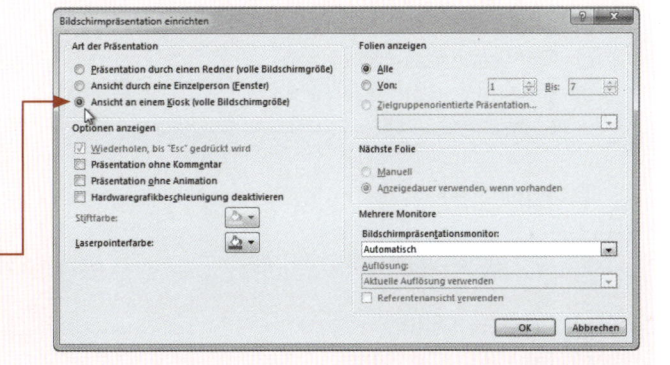

3.4 Lösungen Kapitel 2.5 – Evaluation Auto

3.4.1 Textgestaltung

Nr.	Beschreibung

1. **Seitenränder einrichten**

   a) Register Seitenlayout
   b) Seite einrichten
   c) Seitenränder
   d) Benutzerdefinierte Seitenränder

2. **Fusszeile**

   a) Register Einfügen
   b) Kopf- und Fusszeile
   c) Fusszeile wählen
   d) Fusszeile bearbeiten
   e) Seitennummerierung einfügen

3. **Kopfzeile**

   a) Register Einfügen
   b) Kopf- und Fusszeile
   c) Firmenadresse eingeben
   d) Firmenlogo einfügen und formatieren

4. **Tabelle**

   a) Text evtl. mit entsprechenden Tabstopps ergänzen
   b) Register Einfügen
   c) Tabelle
   d) **Text in Tabelle umwandeln**
   e) Tabellentools
   f) Tabellenformatvorlagen

5. **Bilder einfügen**

   a) Register Einfügen
   b) Illustrationen
   c) Register Bildtools
   d) Höhe und Breite formatieren
   e) Anordnung formatieren
   f) Position
   g) Bildformatvorlage

Nr. Beschreibung

6. **Textformatierung**

   a) Register Start
   b) Formatvorlagen
   c) Dokumenttitel (Vorlage Titel)
   d) Spaltentitel
      (Vorlage Überschrift 1)
   e) Zeilentitel
      (Vorlage Überschrift 2)
   f) Text (Vorlage Standard)

7. **Formatvorlagen ändern**

   a) Register Start
   b) Formatvorlagen
   c) Entsprechende Formatvorlage
      wählen | rechte Maustaste |
      Ändern
   d) Geforderte Änderungen
      vornehmen

   Tipp
   Gewünschte Anpassungen am
   Titel machen, dann Rechtsklick
   auf die Formatvorlage und
   «... aktualisieren, um der Aus-
   wahl zu entsprechen» wählen

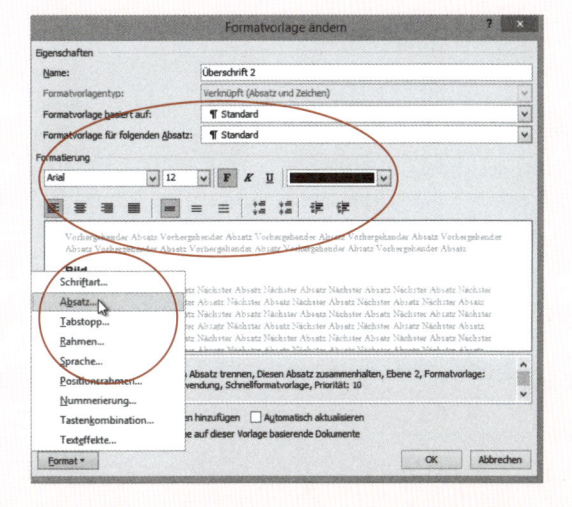

8. **Seitenlayout**

   a) Register Seitenlayout
   b) Seite einrichten
   c) Ausrichtung

9. **Textfeld**

   a) Register Einfügen
   b) Textfeld einfügen
   c) Textfeld erstellen
   d) Textfeld am gewünschten Ort
      aufziehen und gemäss Vorlage
      positionieren

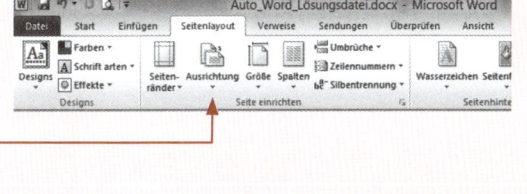

Nr. Beschreibung

10. Formatierung Textfeld

a) Zeichentools
b) Formenarten (entsprechende Form auswählen)
c) Linienart unter «Form formatieren»

11. Zweite Seite Hochformat

a) Register Seitenlayout
b) Seite einrichten
c) Fügen Sie einen **Abschnittwechsel «Nächste Seite»** ein. Erst jetzt können Sie für beide Seiten unterschiedliche Ausrichtungen wählen!
d) Symbol Ausrichtung

Kopf- und Fusszeile

e) Register Einfügen
f) Kopf- und Fusszeile
g) Fusszeile ändern
h) Erste Seite anders

12. Tabelle

a) Register Einfügen | Tabelle
b) Textteile einfügen
c) Sortieren
d) Linienfarbe auswählen

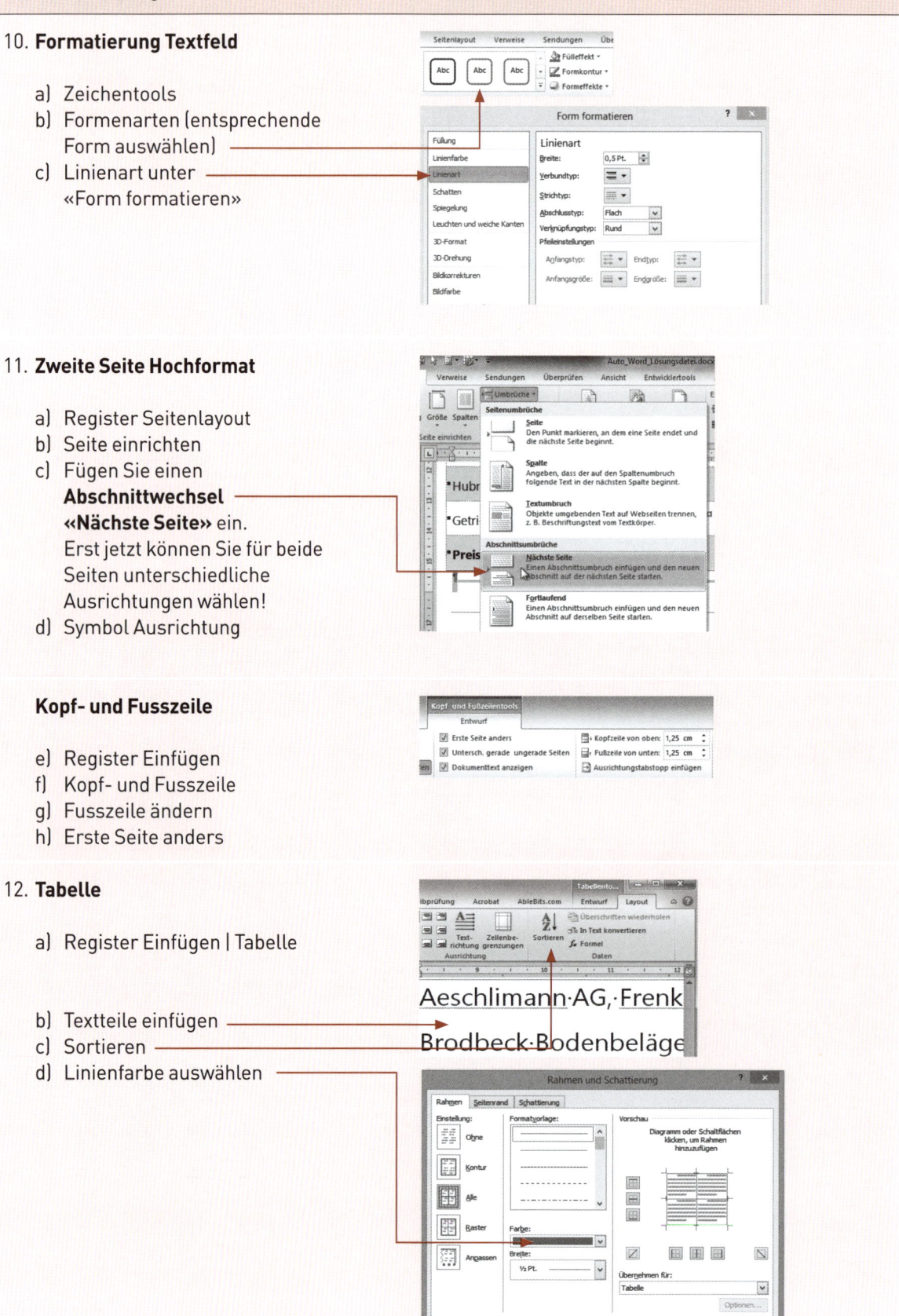

3.4.2 Wirtschaftssprache Korrekturhilfe

Thema		Bemerkungen (bei Bedarf)	Max.
Darstellung			
Abstandsfehler *Abstände zwischen den Absätzen*			
Schriftgrad/Schrift *Gemäss Vorgaben Ihrer Schule*			
Hervorhebung *Fett, Kursiv, Darstellung (z. B. Konditionen bei Angeboten)*			3
Kopf-/Fusszeile			
Falsche Textposition *(Datum, Empfängeradresse, Grussformel)*			
Blocksatz *Text links ausrichten, Flattersatz rechts (Silbentrennung)*			
Schreibregel			
Inhalt			
Rahmentext 1 (Empfänger/Datum/Betreff.			
Rahmentext 2 (Grussformel/Unterschrift/Firma/Beilagen)			
Logischer Aufbau			
Textmenge			
Aufbau/Inhalt gemäss Buch	Bezug auf das zur Verfügung gestellte Auto		13
	Mängel genau beschreiben (Anzeige, Rauch)		
	Forderung genau beschreiben		
	Bitte um Bescheid		
Sprache (Stil, Ton, Rechtschreibung, Grammatik)			
Rechtschreibung			
Satzzeichen			
Grammatik			
Fremdwörter			
Wortwiederholungen			9
Wortwahlfehler			
Stilmangel/Ton			
Floskelsätze			
Total			25

3.4.3 Tabellenkalkulation

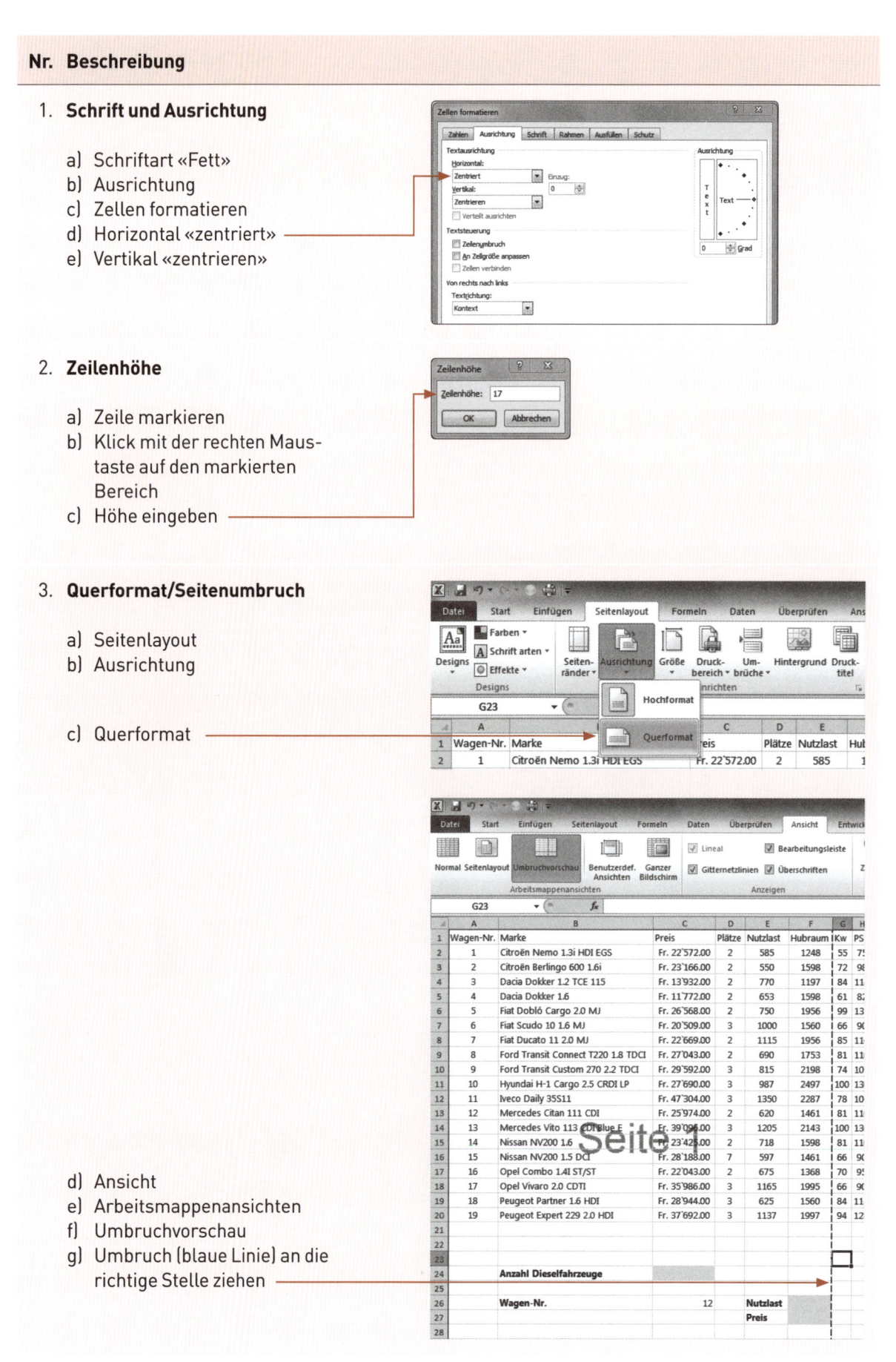

Nr.	Beschreibung

1. **Schrift und Ausrichtung**

   a) Schriftart «Fett»
   b) Ausrichtung
   c) Zellen formatieren
   d) Horizontal «zentriert»
   e) Vertikal «zentrieren»

2. **Zeilenhöhe**

   a) Zeile markieren
   b) Klick mit der rechten Maustaste auf den markierten Bereich
   c) Höhe eingeben

3. **Querformat/Seitenumbruch**

   a) Seitenlayout
   b) Ausrichtung
   c) Querformat
   d) Ansicht
   e) Arbeitsmappenansichten
   f) Umbruchvorschau
   g) Umbruch (blaue Linie) an die richtige Stelle ziehen

Nr.	Beschreibung

4. **Fusszeile**

   a) Einfügen
   b) Text
   c) Kopf- und Fusszeilen
   d) In die Mitte der Fusszeile klicken
      (alternativ kann auch in der Seitenlayoutansicht die Fusszeile direkt angewählt werden)
   e) Kopf- und Fusszeilenelemente «Dateipfad» auswählen

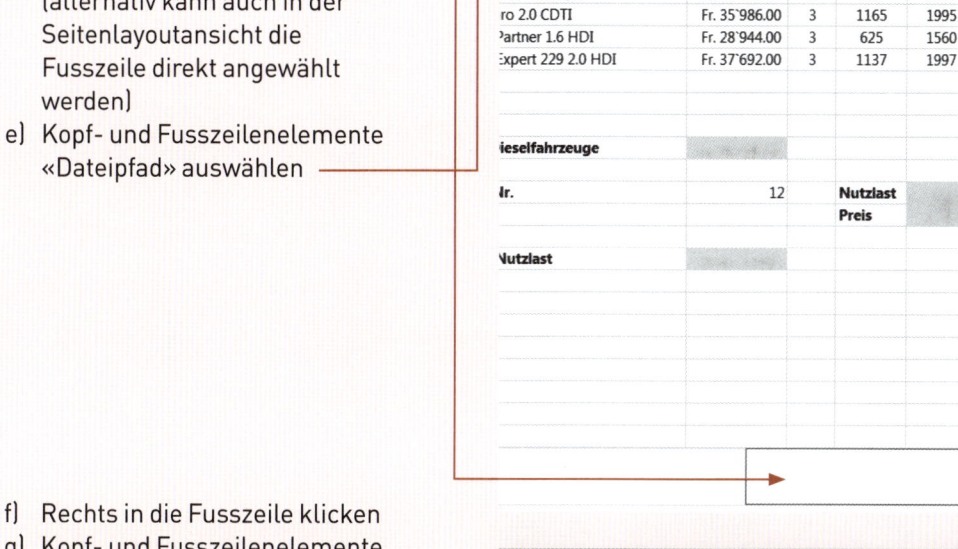

   f) Rechts in die Fusszeile klicken
   g) Kopf- und Fusszeilenelemente «Seitenzahl» einfügen, das Wort «von» ergänzen und danach das Element 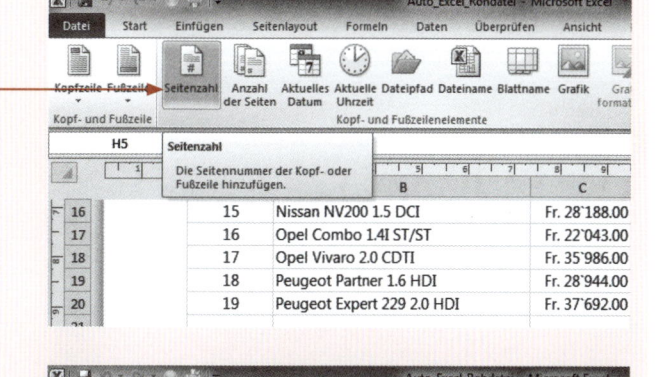
   h) «Anzahl der Seiten» einfügen

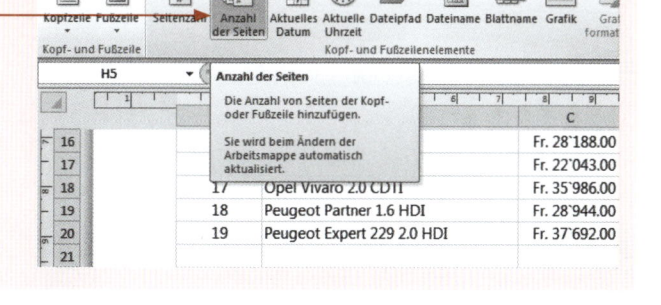

Intensivtraining IKA

Nr.	Beschreibung	
	Wenn die Daten noch nicht als Tabelle formatiert sind, sehen die Funktionen wie folgt aus:	Wenn die Daten vorher bereits als Tabelle formatiert wurden, sehen die Funktionen wie folgt aus:
5.	**Anzahl Dieselfahrzeuge** C14 =ZÄHLENWENN(K2:K20;"Diesel")	**Anzahl Dieselfahrzeuge** =ZÄHLENWENN(Tabelle1[Treibstoffart];"Diesel")
6.	**Anzeige von Nutzlast und Preis** F26 =SVERWEIS(C26;A2:E21;5;FALSCH) F27 =SVERWEIS(C26;A2:C20;3;FALSCH)	**Anzeige von Nutzlast und Preis** F26: =SVERWEIS(C26;Tabelle1[[Wagen-Nr.]:[Nutzlast]];5;FALSCH) F27: =SVERWEIS(C26;Tabelle1[[Wagen-Nr.]:[Preis]];3;FALSCH)
7.	**Grösste Nutzlast** C29 =MAX(E2:E20)	**Grösste Nutzlast** =MAX(Tabelle1[Nutzlast])

Nr.	Beschreibung

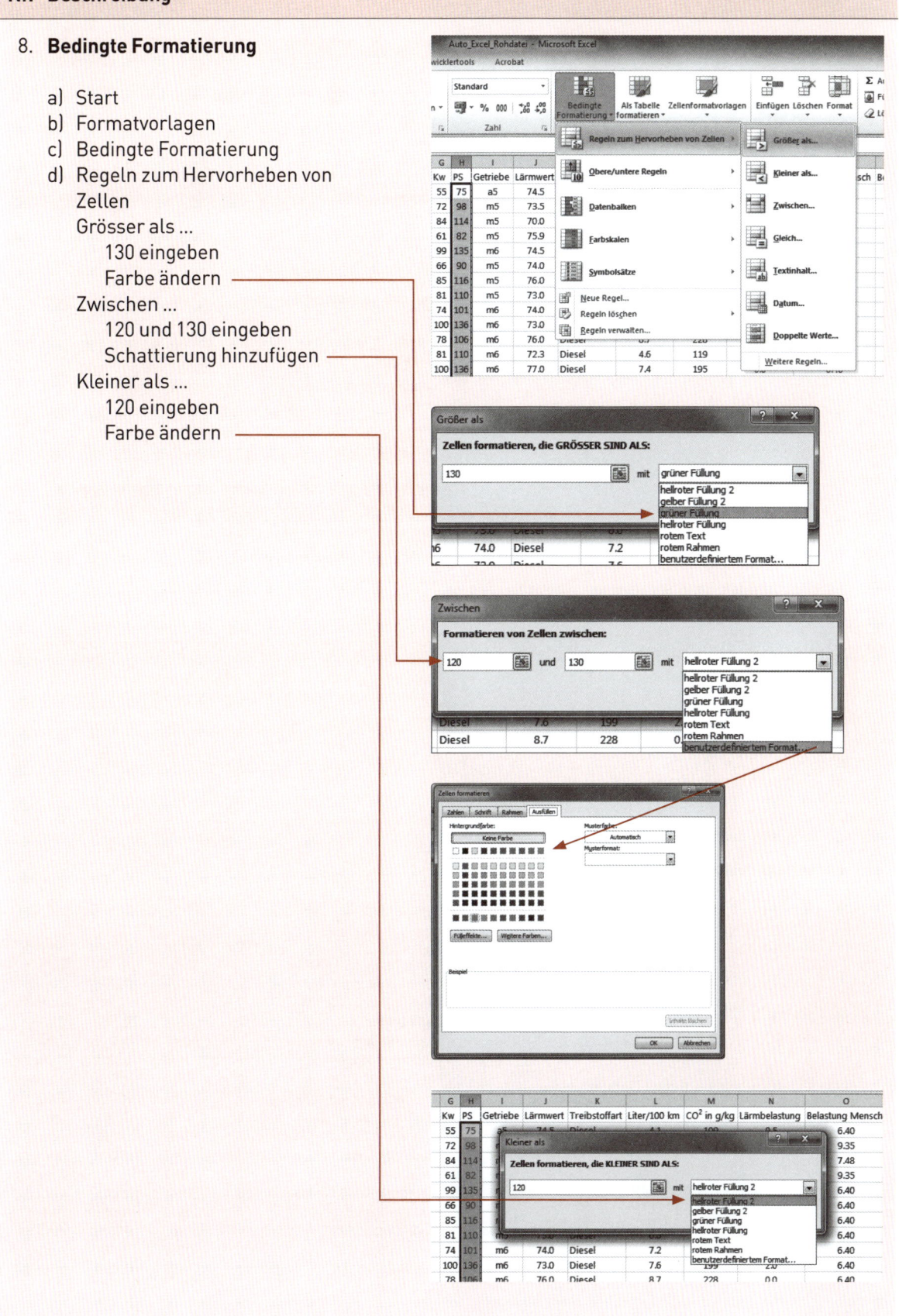

8. **Bedingte Formatierung**

   a) Start
   b) Formatvorlagen
   c) Bedingte Formatierung
   d) Regeln zum Hervorheben von Zellen
      Grösser als ...
         130 eingeben
         Farbe ändern
      Zwischen ...
         120 und 130 eingeben
         Schattierung hinzufügen
      Kleiner als ...
         120 eingeben
         Farbe ändern

Lösung zu 2.5, Textgestaltung

Lösung zu 2.5, Textgestaltung

Nr.	Beschreibung
9.	**Als Tabelle formatieren** a) Start b) Formatvorlagen c) Als Tabelle formatieren d) Tabellenformat – Mittel 9
10.	**Sortieren** a) Start b) Bearbeiten c) Sortieren und Filtern d) Benutzerdefiniertes Sortieren
11.	**Verschachtelte Wenn-Funktion** =WENN(C5>2000;"GROSS";WENN(C5<=1600;"KLEIN";"MITTEL"))
12.	Wenn-Und-Funktion mit zwei Kriterien. Beide Bedingungen müssen erfüllt sein: C5 > 2000 ccm **und** B5 = 3 Plätze =WENN(**UND**(C5>2000;**B5=3**);"Favorit";"2. Wahl")

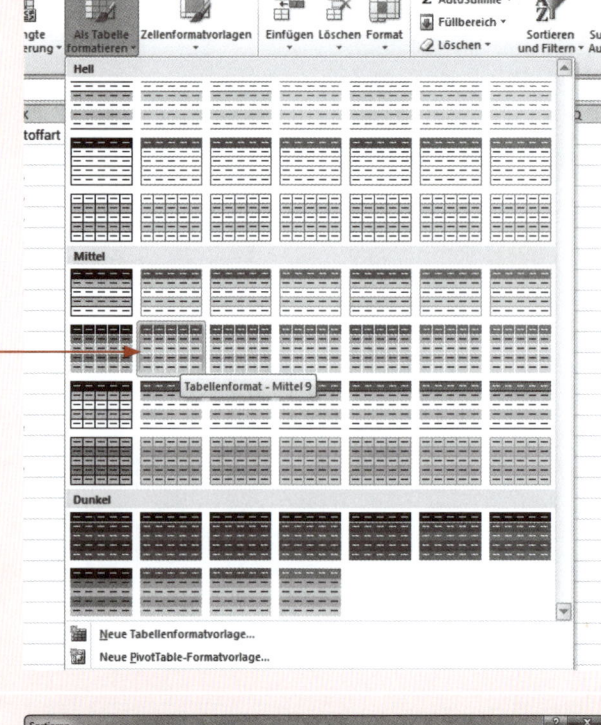

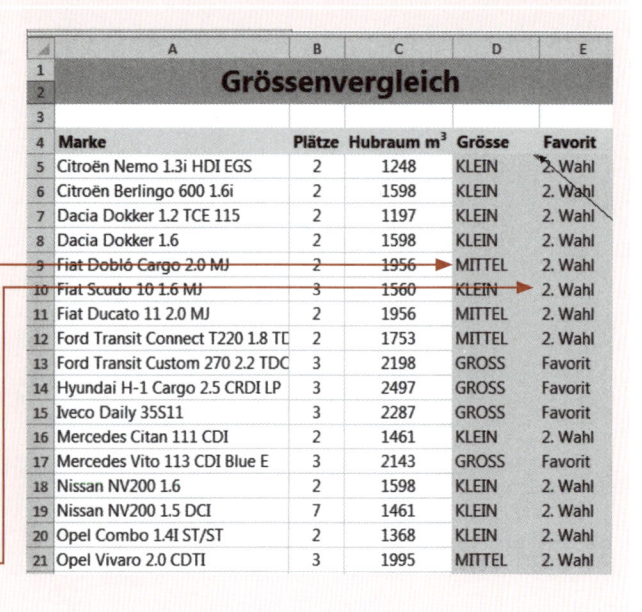

Nr.	Beschreibung

13. **Rangliste**

    =RANG.GLEICH(C5;$C$5:$C$23;1)

    Der Bereich C5:C23 muss fixiert werden, damit die Funktion kopiert werden kann.

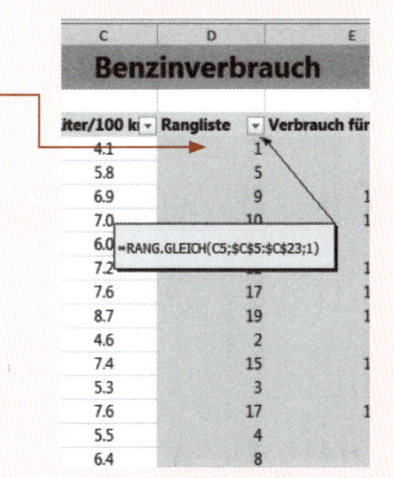

14. **Verbrauch für 152 km**

    =C5/100*152

    Zellformat anpassen

    a) Zellen markieren
    b) Start
    c) Zahl
    d) Benutzerdefiniert
    e) Typ: #`##0.00 "Liter"

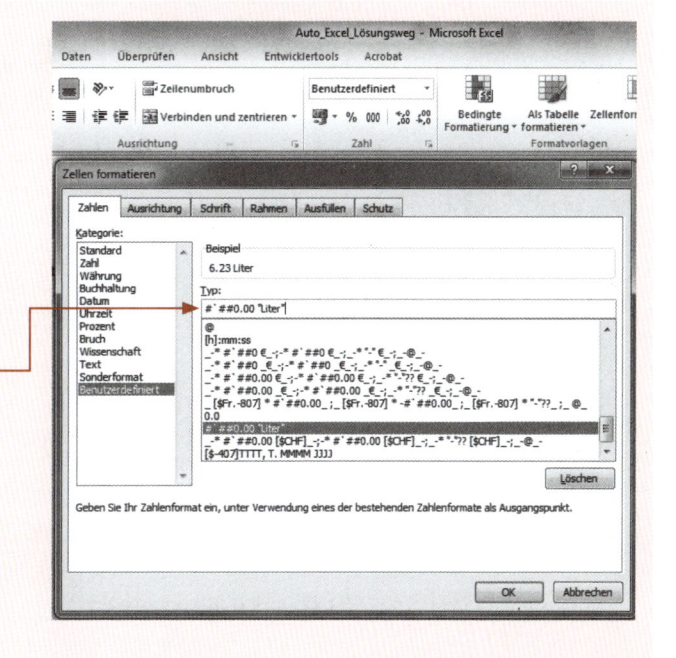

Lösung zu 2.5, Textgestaltung

Lösung zu 2.5, Textgestaltung

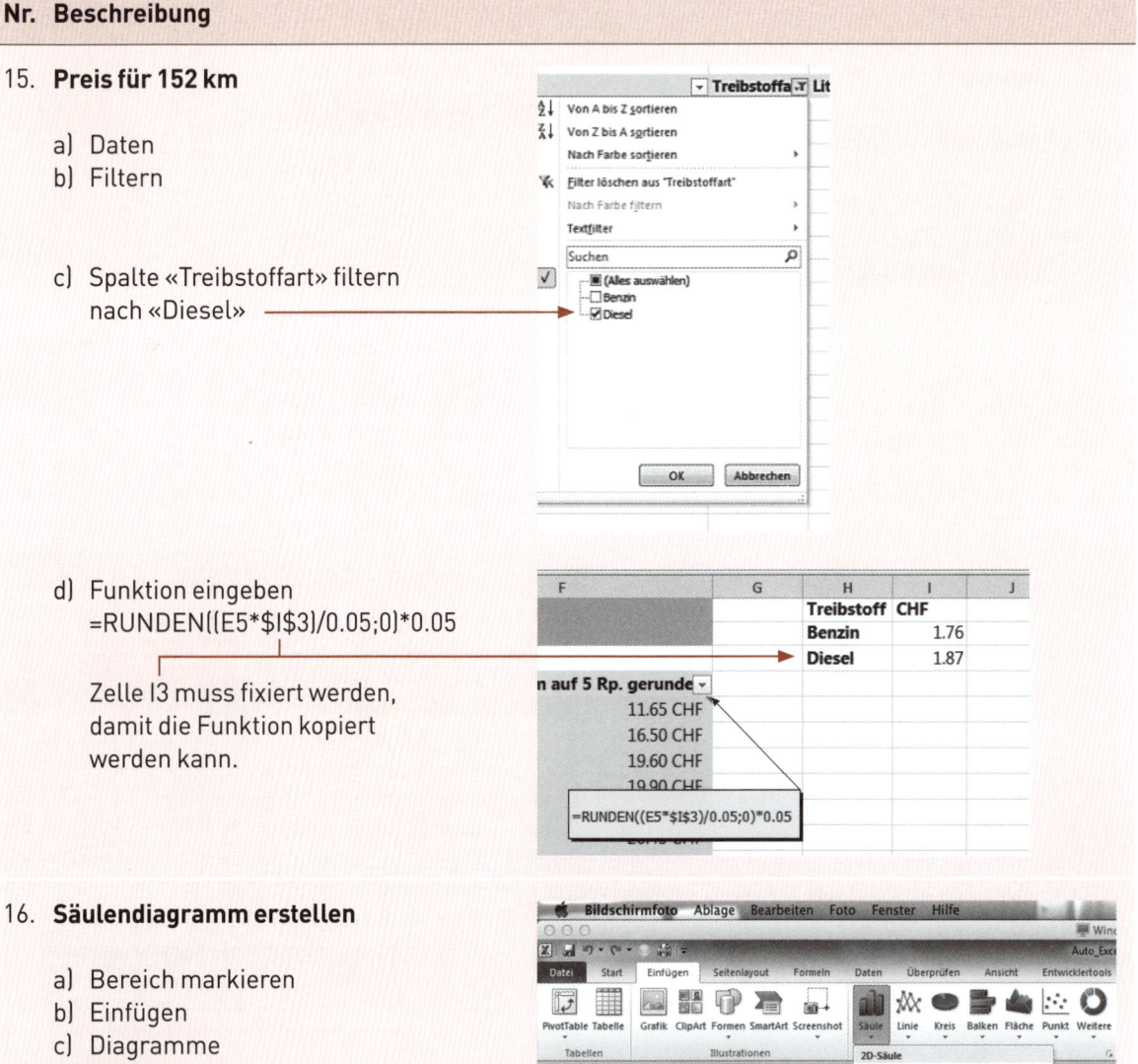

Nr.	Beschreibung
15.	**Preis für 152 km**
	a) Daten
	b) Filtern
	c) Spalte «Treibstoffart» filtern nach «Diesel»
	d) Funktion eingeben =RUNDEN((E5*$I$3)/0.05;0)*0.05
	Zelle I3 muss fixiert werden, damit die Funktion kopiert werden kann.
16.	**Säulendiagramm erstellen**
	a) Bereich markieren
	b) Einfügen
	c) Diagramme
	d) Säule
	e) 2D-Säule
	f) Gruppierte Säulen

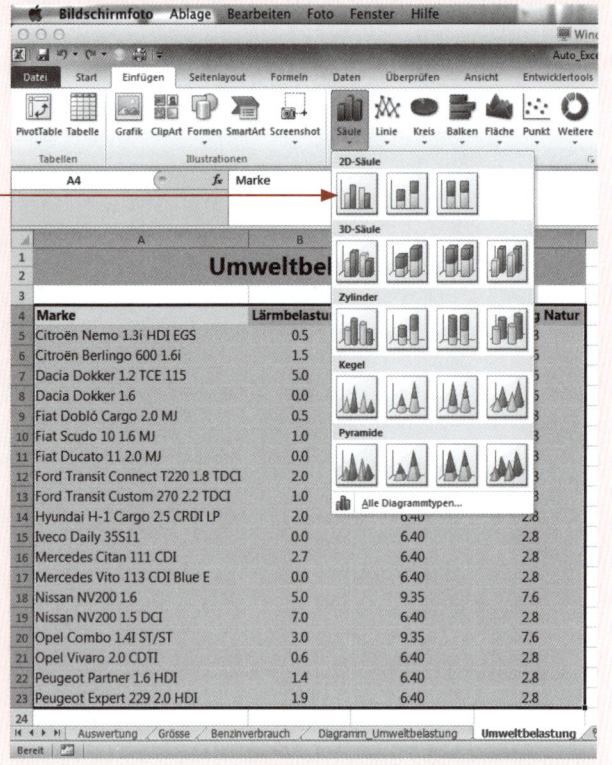

Intensivtraining IKA

Nr.	Beschreibung	

17. **Grösse ändern**

    a) Diagramm anklicken
    b) Diagrammtools
    c) Format
    d) Grösse

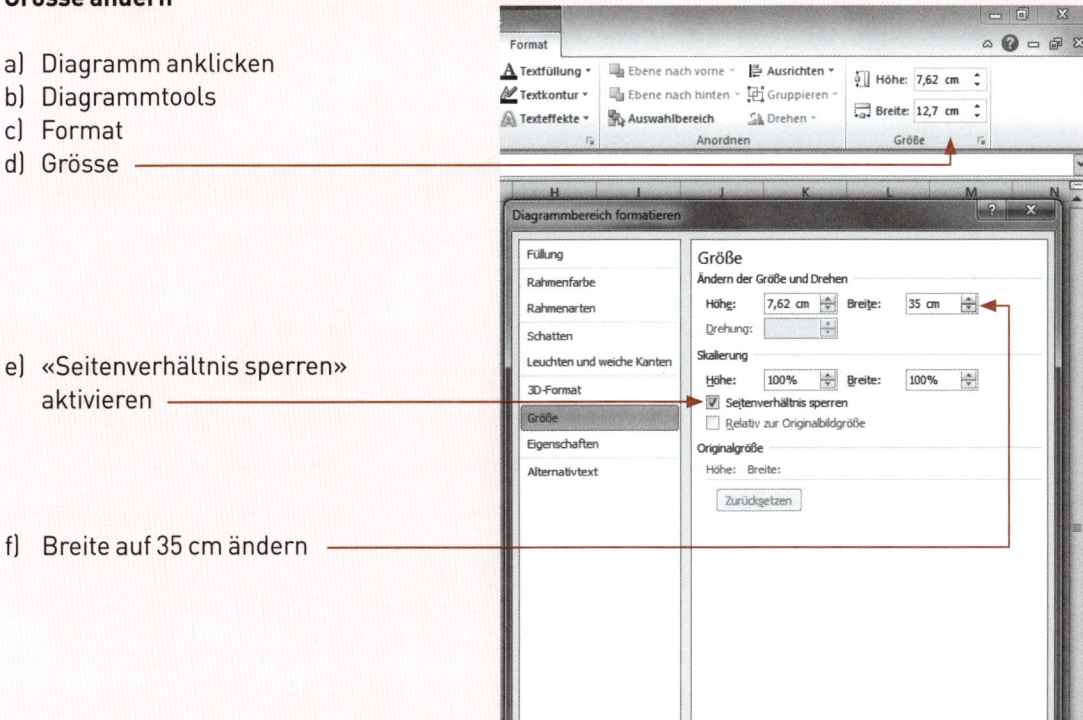

    e) «Seitenverhältnis sperren» aktivieren

    f) Breite auf 35 cm ändern

18. **Neues Tabellenblatt**

    a) Diagramm anklicken
    b) Rechte Maustaste drücken
    c) «Diagramm verschieben» wählen
    d) Neues Tabellenblatt
    e) Name auf «Diagramm_Umweltbelastung» ändern

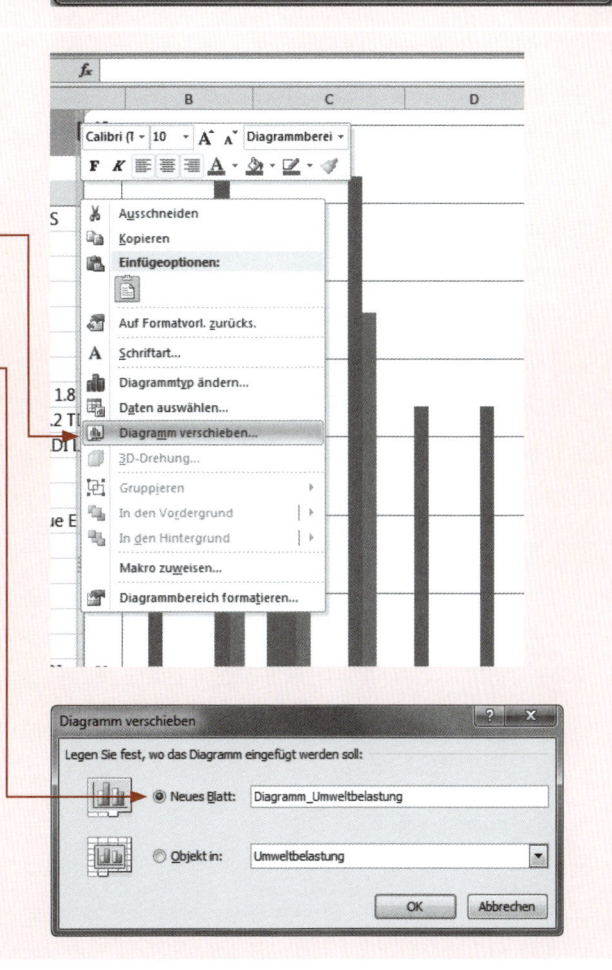

Lösung zu 2.5, Textgestaltung

Lösung zu 2.5, Textgestaltung

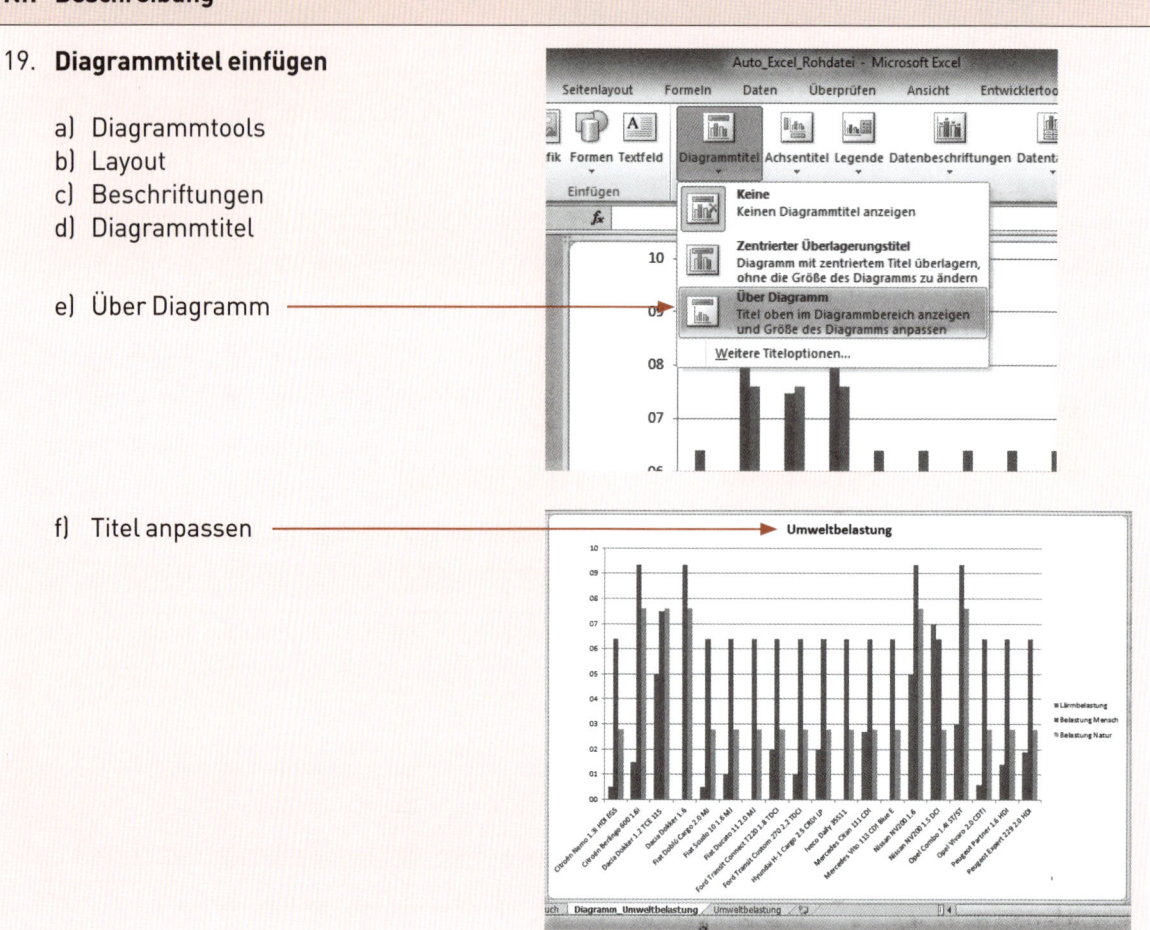

Nr.	Beschreibung
19.	**Diagrammtitel einfügen** a) Diagrammtools b) Layout c) Beschriftungen d) Diagrammtitel e) Über Diagramm f) Titel anpassen

3.4.4 Präsentation

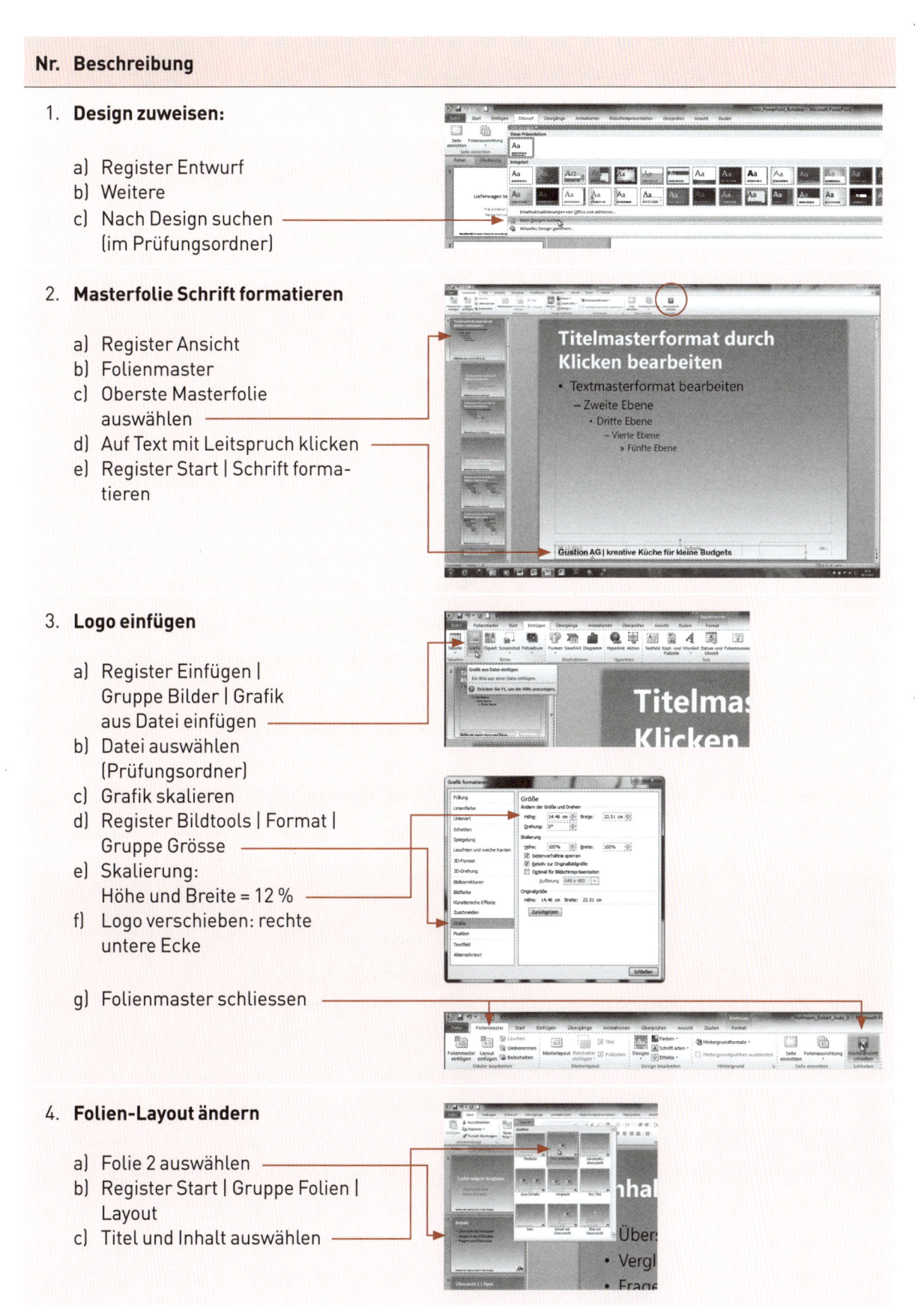

Nr.	Beschreibung

1. **Design zuweisen:**
   a) Register Entwurf
   b) Weitere
   c) Nach Design suchen (im Prüfungsordner)

2. **Masterfolie Schrift formatieren**
   a) Register Ansicht
   b) Folienmaster
   c) Oberste Masterfolie auswählen
   d) Auf Text mit Leitspruch klicken
   e) Register Start | Schrift formatieren

3. **Logo einfügen**
   a) Register Einfügen | Gruppe Bilder | Grafik aus Datei einfügen
   b) Datei auswählen (Prüfungsordner)
   c) Grafik skalieren
   d) Register Bildtools | Format | Gruppe Grösse
   e) Skalierung: Höhe und Breite = 12 %
   f) Logo verschieben: rechte untere Ecke
   g) Folienmaster schliessen

4. **Folien-Layout ändern**
   a) Folie 2 auswählen
   b) Register Start | Gruppe Folien | Layout
   c) Titel und Inhalt auswählen

Nr.	Beschreibung
5.	**Folien Layout ändern** a) Folie 3 auswählen b) Register Start | Gruppe Folien | Layout c) Zwei Inhalte auswählen d) Für Folie 4 wiederholen
6.	**Abbildung einfügen** a) Folie 3 auswählen b) Linke Textbox auswählen c) Symbol für Grafik anklicken d) Bild im Prüfungsordner auswählen
7.	**Tabelle einfügen** a) Folie 5 auswählen b) Register Einfügen | Tabelle c) 3 Spalten und 6 Zeilen d) Text gemäss Vorlage eintragen

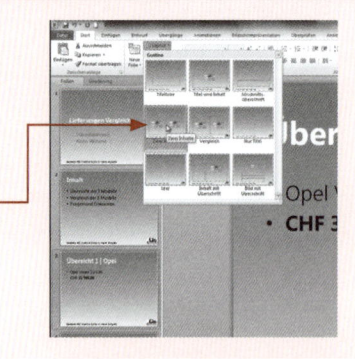

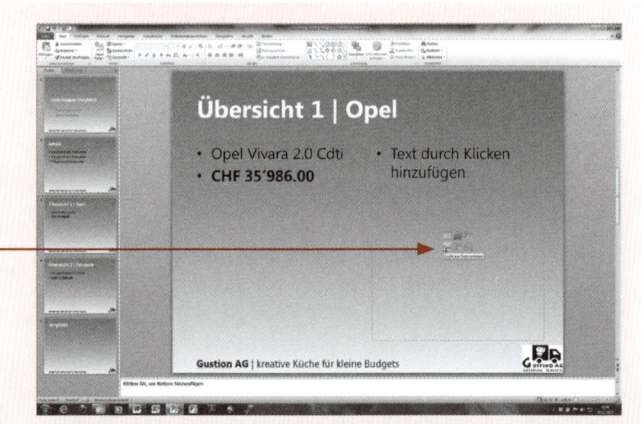

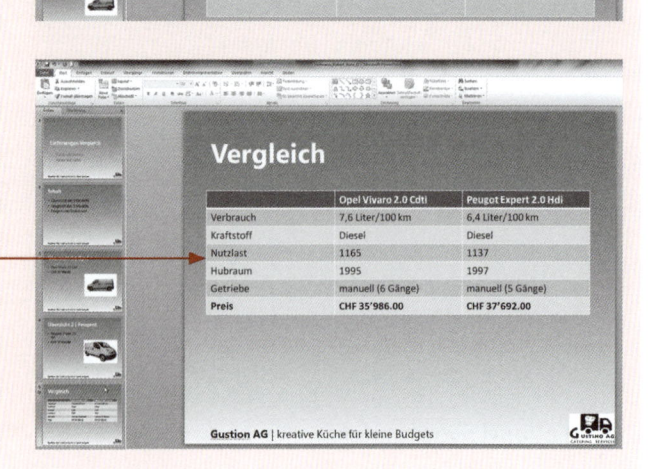

Nr.	Beschreibung	

8. Neue Folie einfügen

a) Register Folie | Folie | Neue Folie
   Rechtsklick «Neue Folie»

b) Folienlayout | Abschnittsüberschrift

c) Titelplatzhalter Text erfassen

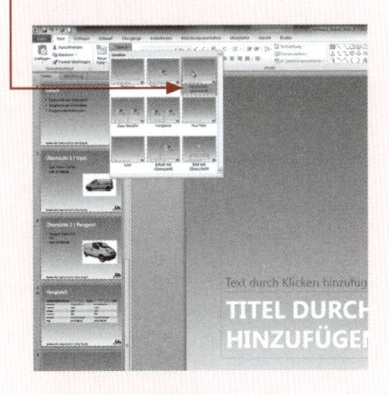

9. Textanimation

a) Register Ansicht | Folienmaster
b) Oberste Masterfolie auswählen
c) Textmasterformat-Box auswählen

d) Register Animation | Wischen
e) Effektoption | Richtung: Von Links
f) Effektoption | Sequenz: Nach Absatz

10. Handzettelmaster anpassen

a) Register Ansicht | Handzettelmaster
b) Textfelder auswählen

c) Register Start | Schriftart
d) Schrift formatieren

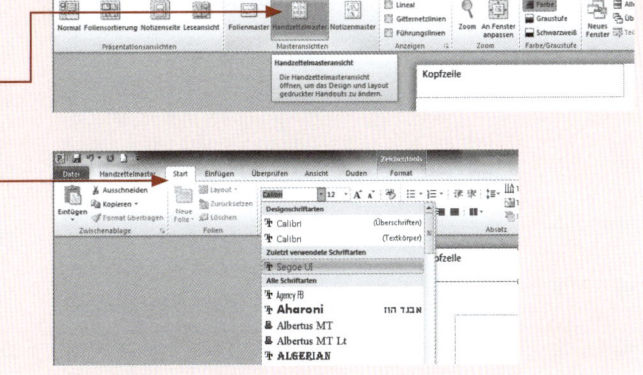

Lösung zu 2.5, Präsentation

Nr.	Beschreibung
11.	**Angaben auf der Titelfolie** a) Wählen Sie die Titelfolie b) Erfassen Sie in der Textbox Ihren Vor- und Nachnamen
12.	**Folienübergänge** a) Register Ansicht | Foliensortierung b) Alle Folien auswählen c) Register Übergänge | Wischen d) Gruppe Anzeigedauer | Dauer auf 2.00 stellen 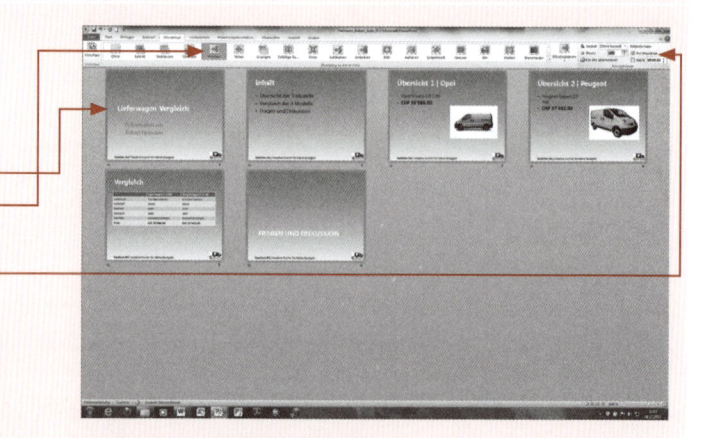
13.	**Zielgruppenorientierte Präsentation** a) Register Bildschirmpräsentation b) Benutzerdefinierte Bildschirmpräsentation c) Zielgruppenorientierte Präsentation erstellen | Neu d) Namen erfassen: Vergleiche e) Folie Nr. 1 und Nr. 5 hinzufügen 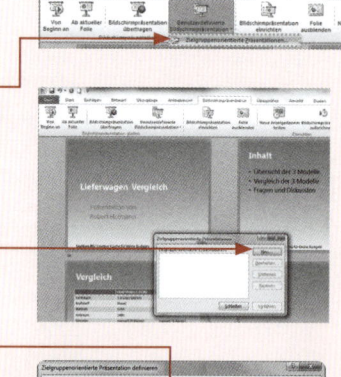 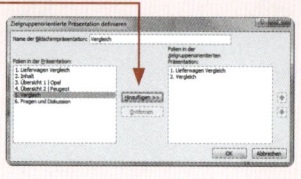

3.5 Lösungen Kapitel 2.6 – Ausflug

3.5.1 Textgestaltung

3.5.1.1 Beschreibung der Region gestalten

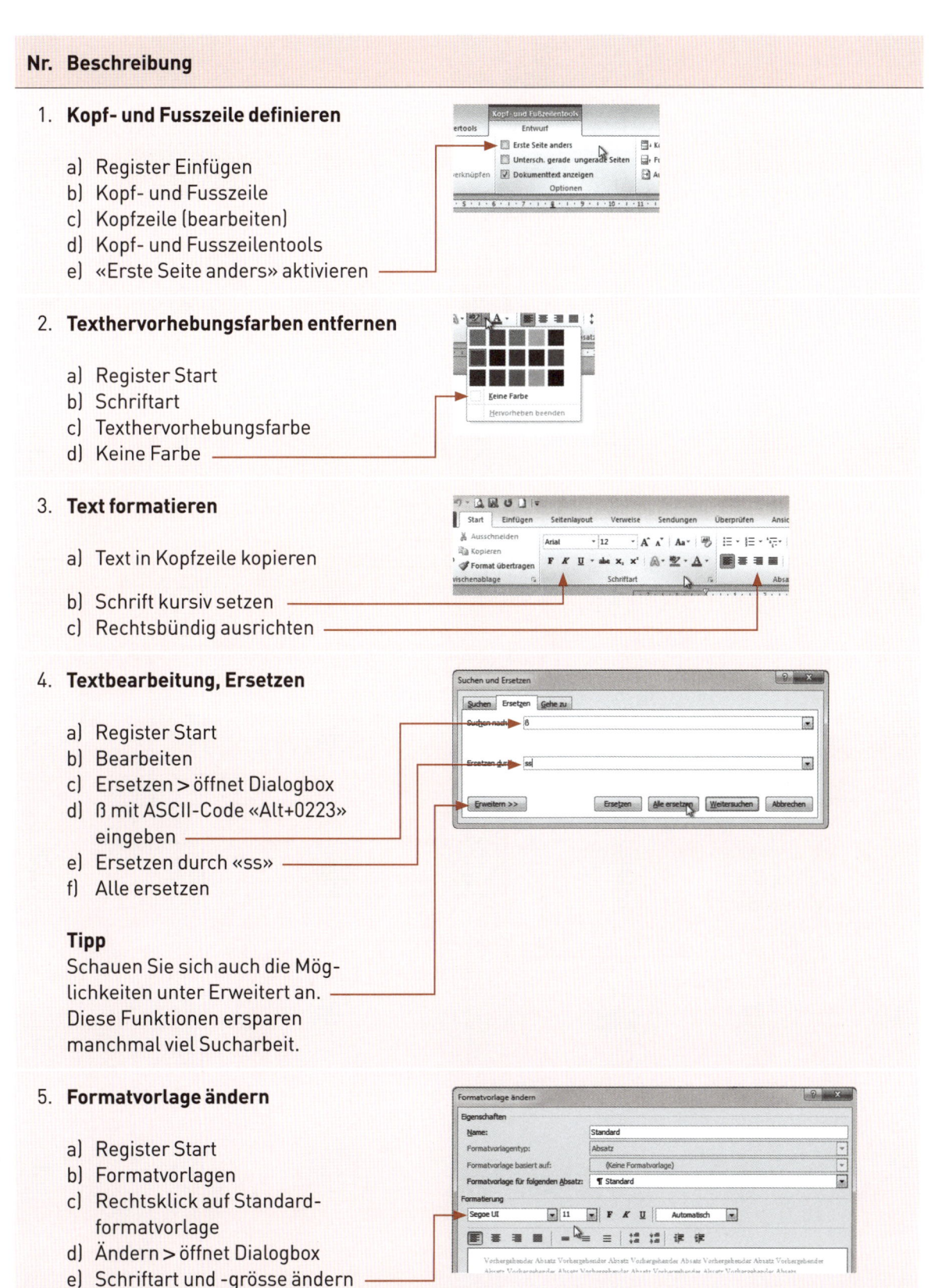

Nr.	Beschreibung
1.	**Kopf- und Fusszeile definieren** a) Register Einfügen b) Kopf- und Fusszeile c) Kopfzeile (bearbeiten) d) Kopf- und Fusszeilentools e) «Erste Seite anders» aktivieren
2.	**Texthervorhebungsfarben entfernen** a) Register Start b) Schriftart c) Texthervorhebungsfarbe d) Keine Farbe
3.	**Text formatieren** a) Text in Kopfzeile kopieren b) Schrift kursiv setzen c) Rechtsbündig ausrichten
4.	**Textbearbeitung, Ersetzen** a) Register Start b) Bearbeiten c) Ersetzen > öffnet Dialogbox d) ß mit ASCII-Code «Alt+0223» eingeben e) Ersetzen durch «ss» f) Alle ersetzen **Tipp** Schauen Sie sich auch die Möglichkeiten unter Erweitert an. Diese Funktionen ersparen manchmal viel Sucharbeit.
5.	**Formatvorlage ändern** a) Register Start b) Formatvorlagen c) Rechtsklick auf Standardformatvorlage d) Ändern > öffnet Dialogbox e) Schriftart und -grösse ändern

Intensivtraining IKA

Lösung zu 2.6, Textgestaltung

Nr.	Beschreibung

6. Formatvorlage zuweisen

  a) Text auswählen und markieren
  b) Register Start
  c) Formatvorlagen
  d) Formatvorlage «Titel» auswählen

7. Formatvorlage erstellen

  a) Register Start
  b) Formatvorlagen
  c) Dialogbox mittels Klick auf Pfeil öffnen
  d) Neue Formatvorlage 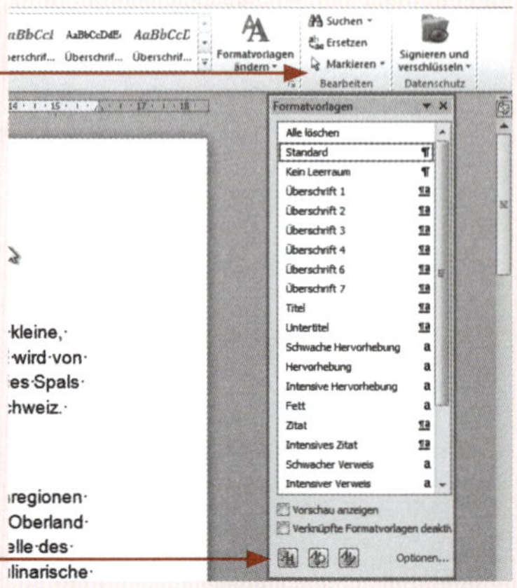
  e) Gewünschte Änderungen vornehmen

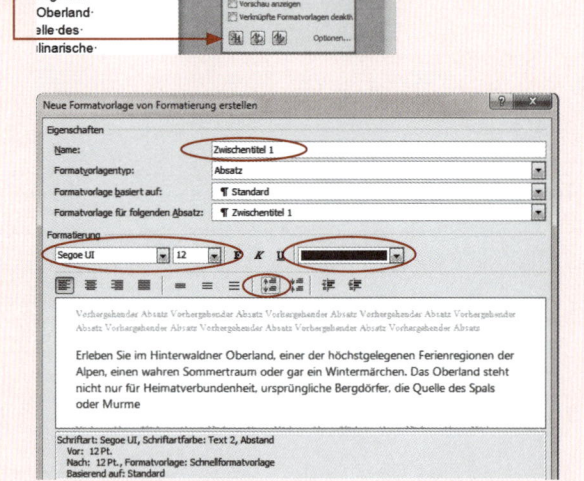

8. Formatvorlage zuweisen

  a) Text auswählen und markieren
  b) Register Start
  c) Formatvorlagen
  d) Formatvorlage «Zwischentitel 1» auswählen
  e) Manuelle Änderungen vornehmen

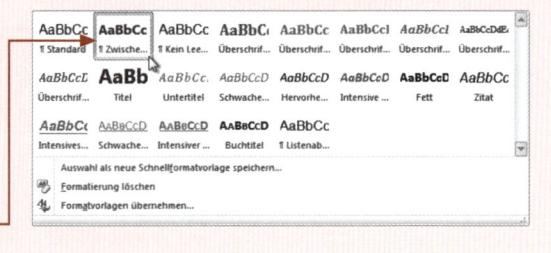

Nr.	Beschreibung

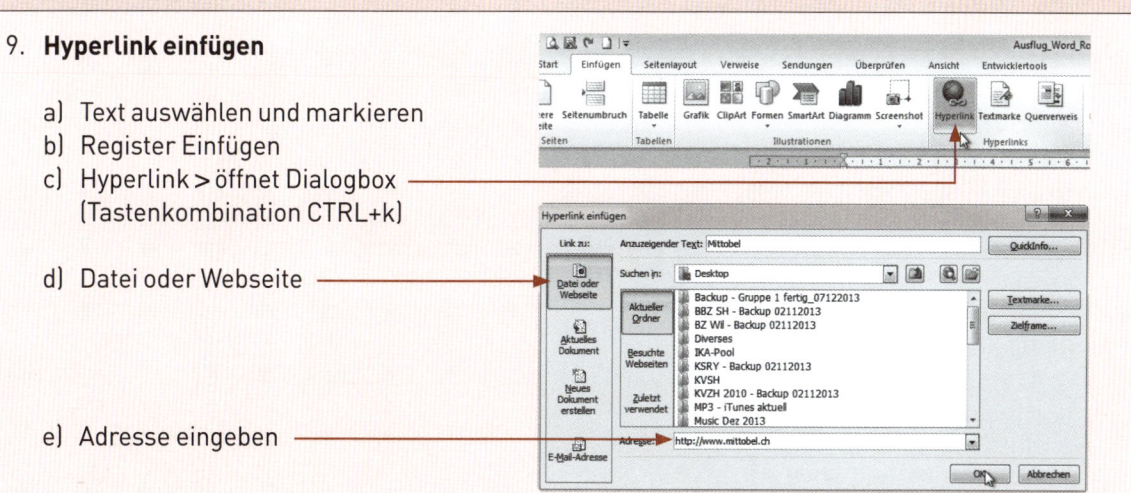

9. Hyperlink einfügen

a) Text auswählen und markieren
b) Register Einfügen
c) Hyperlink > öffnet Dialogbox (Tastenkombination CTRL+k)
d) Datei oder Webseite
e) Adresse eingeben

10. Fussnote einfügen

a) Text auswählen und ausschneiden
b) Ort für Fussnote mit Cursor markieren
c) Register Verweise
d) Fussnoten
e) Fussnote einfügen
f) Text einfügen und formatieren

11. Bildwasserzeichen einfügen

a) Register Seitenlayout
b) Seitenhintergrund
c) Wasserzeichen
d) Benutzerdefiniertes Wasserzeichen > öffnet Dialogbox
e) Bildwasserzeichen auswählen
f) Bild auswählen
g) Auswaschen
h) Übernehmen und o.k.

12. Automatische Silbentrennung

a) Register Seitenlayout
b) Seite einrichten
c) Silbentrennung
d) Automatisch

Intensivtraining IKA

Nr.	Beschreibung

13. Bilder einfügen

a) Ungefähre Position im Text auswählen
b) Register Einfügen
c) Illustrationen
d) Grafik
e) Gewünschtes Bild suchen/einfügen
f) Bildtools | Format | Grösse
g) Höhe auf 4 cm einstellen
h) Anordnen > Zeilenumbruch auf «Quadrat» einstellen

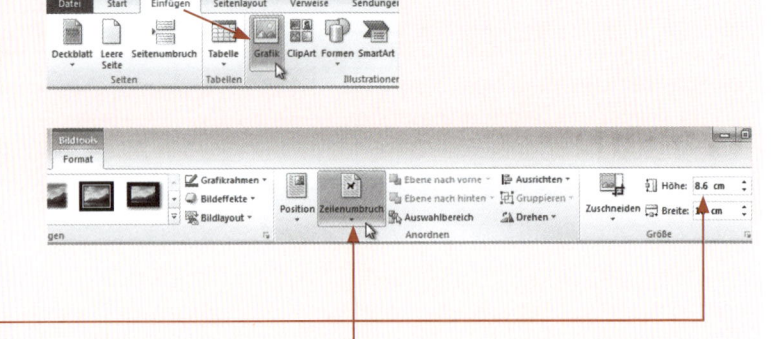

3.5.1.2 Anmeldung gestalten

Nr.	Beschreibung

1. Seitenränder einstellen

a) Register Seitenlayout | Seite einrichten
b) Seitenränder
c) Benutzerdefinierte Seitenränder
d) Gewünschte Seitenränder einstellen

2. Text formatieren

a) Text auswählen und markieren
b) Register Start
c) Schriftart
d) Gewünschte Änderungen vornehmen

e) Dialogbox mit Klick auf Pfeil öffnen
f) Kapitälchen aktivieren

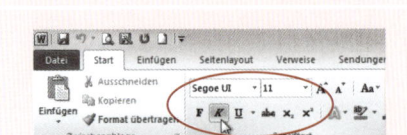

Lösung zu 2.6, Textgestaltung

Nr.	Beschreibung

3. **Bild einfügen**

   a) Ungefähre Position im Text auswählen
   b) Register Einfügen | Illustrationen | Grafik
   c) Gewünschtes Bild suchen/einfügen
   d) Bildtools | Format | Anordnen
   e) Position auswählen
   f) Zeilenumbruch auf «Quadrat» einstellen

   g) Grösse
   h) Dialogbox mittels Klick auf Pfeil öffnen
   i) Seitenverhältnissperre deaktivieren
   j) Höhe und Breite auf 3.5 cm einstellen

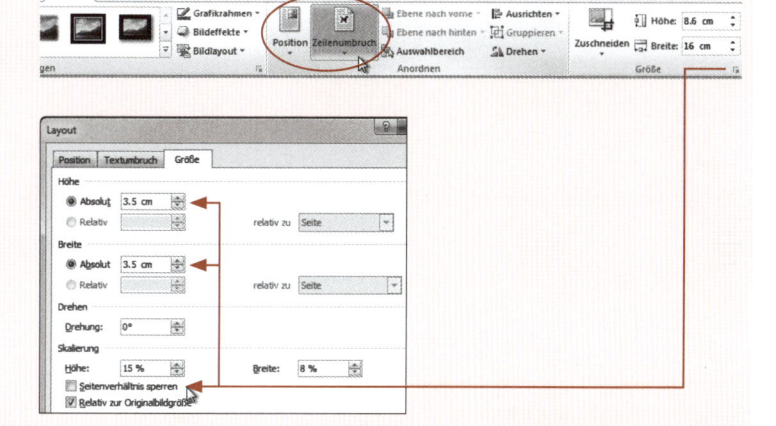

4. **Scherensymbol einfügen**

   a) Register Einfügen | Symbole | Symbol
   b) Weitere Symbole > öffnet Dialogbox
   c) Schriftart «Wingdings» auswählen
   d) Scherensymbol auswählen und einfügen

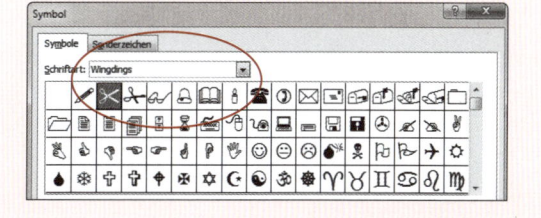

5. **Trennlinie einfügen**

   a) Cursor an gewünschte Position setzen
   b) Doppelklick auf Lineal öffnet die Tabstopp-Dialogbox

   c) Tabstopp links bei ca. 0.75 cm setzen (ohne Füllzeichen)
   d) Tabstopp rechts bei 17 cm setzen (mit Füllzeichen gestrichelt, mittig)
   e) Festgelegte Tabstopps mit Tabstopptaste im Text aktivieren

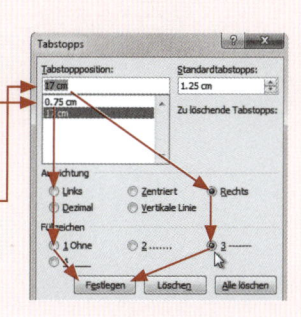

Lösung zu 2.6, Textgestaltung

Intensivtraining IKA

Lösung zu 2.6, Textgestaltung

Nr.	Beschreibung
6.	**Formularfelder einfügen** Persönliche Angaben: *Feld zur Texteingabe* a) Wichtig: Je nach Installation ist das Feld Entwicklertools nicht aktiviert. Wenn Sie es nicht sehen, müssen Sie es vorab in den **Optionen von Word aktivieren!** b) Cursor an gewünschte Position setzen c) Register Entwicklertools d) Steuerelemente e) Textfeld
7.	**Formularfelder einfügen** Transport: *Kontrollkästchen* a) Register Entwicklertools b) Steuerelemente c) Kontrollkästchensteuerelement
8.	**Formularfelder einfügen** Essen und Unterkunft: *Kombinationsfeld mit Dropdown-Elementen* a) Cursor an gewünschte Position setzen b) Register Entwicklertools c) Kombinationsfeld-Inhaltssteuerelement d) Kombinationsfeld anwählen e) Eigenschaften anklicken f) Geben Sie allenfalls einen Titel g) Klicken Sie auf Hinzufügen und geben Sie die Auswahlmöglichkeiten ein h) Wiederholen Sie diesen Vorgang für alle Elemente

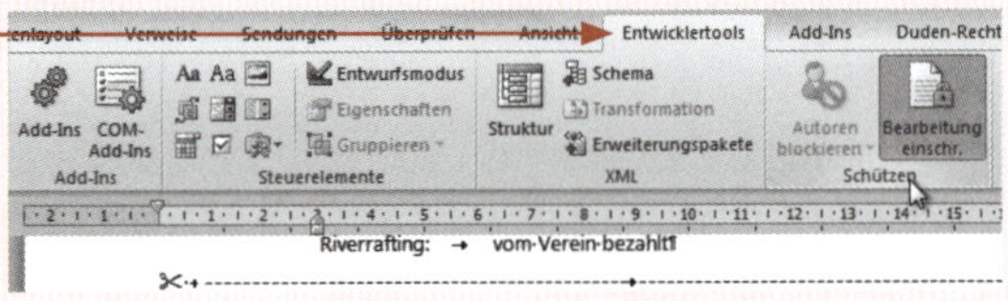

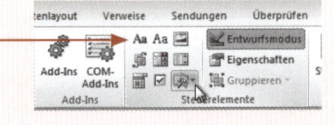

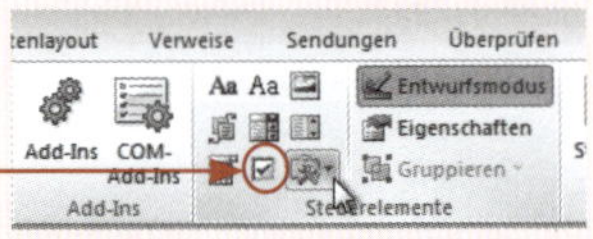

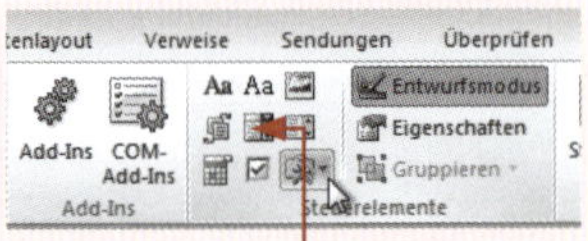

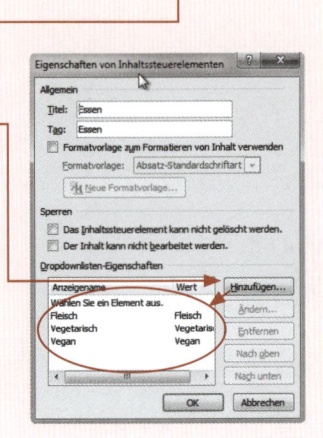

114 www.klv.ch

Nr.	Beschreibung	✓

9. **Dokument schützen und Bearbeitung einschränken**

   a) Falls Sie den Entwurfsmodus aktiviert haben, müssen Sie diesen vor dem Schützen des Dokumentes wieder deaktivieren

   b) Register Entwicklertools
   c) Schützen
   d) Bearbeitung einschränken > öffnet Dialogbox

   e) Bearbeitungseinschränkungen auf «Ausfüllen von Formularen» festlegen
   f) Schutz anwenden > öffnet Dialogbox

   g) Kennwortfelder leer lassen und mit o.k. bestätigen
   h) Formularfelder kontrollieren

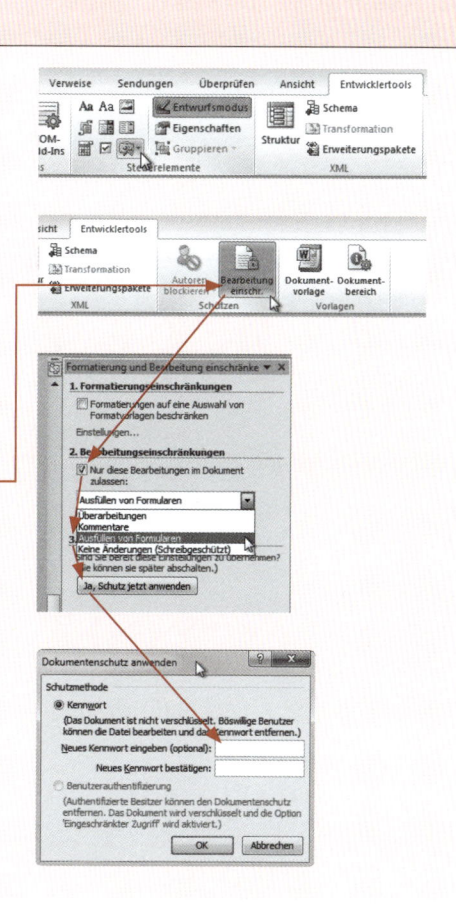

Lösung zu 2.6, Textgestaltung

3.5.2 Wirtschaftssprache Korrekturhilfe

Thema		Bemerkungen (bei Bedarf)	Max.
Darstellung			
Abstandsfehler *Abstände zwischen den Absätzen*			3
Schriftgrad/Schrift *Gemäss Vorgaben Ihrer Schule*			
Hervorhebung *Fett, Kursiv, Darstellung (z. B. Konditionen bei Angeboten)*			
Kopf-/Fusszeile			
Falsche Textposition *(Datum, Empfängeradresse, Grussformel)*			
Blocksatz *Text links ausrichten, Flattersatz rechts (Silbentrennung)*			
Schreibregel			
Inhalt			
Rahmentext 1 (Empfänger/Datum/Betreff)			13
Rahmentext 2 (Grussformel/Unterschrift/Firma/Beilagen)			
Logischer Aufbau			
Textmenge			
Aufbau/Inhalt gemäss Buch	Anlass für Anfrage, Interesse		
	Bedarf an Informationen für River-Rafting		
	Zusätzliche Informationen *(Teilnehmerzahl, Ein- und Ausstiegsorte, Dauer, Varianten, Ausrüstung, Sicherheit, Budget 35.–)*		
	Bitte um Bescheid		
Sprache (Stil, Ton, Rechtschreibung, Grammatik)			
Rechtschreibung			9
Satzzeichen			
Grammatik			
Fremdwörter			
Wortwiederholungen			
Wortwahlfehler			
Stilmangel/Ton			
Floskelsätze			
Total			25

3.5.3 Tabellenkalkulation

Nr.	Beschreibung		
1.	**Anzahl Billette am Beispiel halbe**		
	ZÄHLENWENN($I$2:$I$49;0.5)	I2:I49 = Spalte mit Billetten absoluter Bezug mit $, um Formel nach unten kopieren zu können Bedingung 0.5 für halbe **Tipp** Anstatt jedes $-Zeichen einzeln zu setzen, verwenden Sie die F4-Taste. Sie setzt beide $-Zeichen in die Formel. Durch mehrfaches Drücken verändert sich die Formel. Probieren Sie es aus.	
2.	**Anzahl Hotelzimmer am Beispiel 2er-Zimmer**		
	ZÄHLENWENN($F$2:$F$49;O8)/2	F2:F49 = Spalte mit Zimmerangaben absoluter Bezug, um Formel zu kopieren O8 = Feld mit Bedingung «2er». Den Bezug auf O8 ist nicht absolut, damit mit der Formel auch die anderen Zellen ausgefüllt werden können	
3.	**Zuschläge**		
	WENN(F2="1er";$P$22;WENN(F2="2er";$P$23;0))	Verschachtelte WENN-Formel: Für ein «1er» wird der Wert in P22 gewählt, für «2er» jener in P23, sonst 0 **Tipp** Anstatt die Zellen durch Ziehen auszufüllen, machen Sie einen Doppelklick auf den Anfasspunkt. Excel füllt alle zusammenhängenden Zellen automatisch aus.	
4.	**Rabatt am Beispiel der Zelle L2**		
	WENN(G2=$O$18;$P$18;0)	In Spalte G steht die Menüwahl, in O18 das Suchkriterium «Vegi». Der Wert in P18 wird eingetragen, wenn die Bedingung erfüllt ist (–CHF 2), sonst wird 0 eingetragen.	

Lösung zu 2.6, Textgestaltung

Nr.	Beschreibung

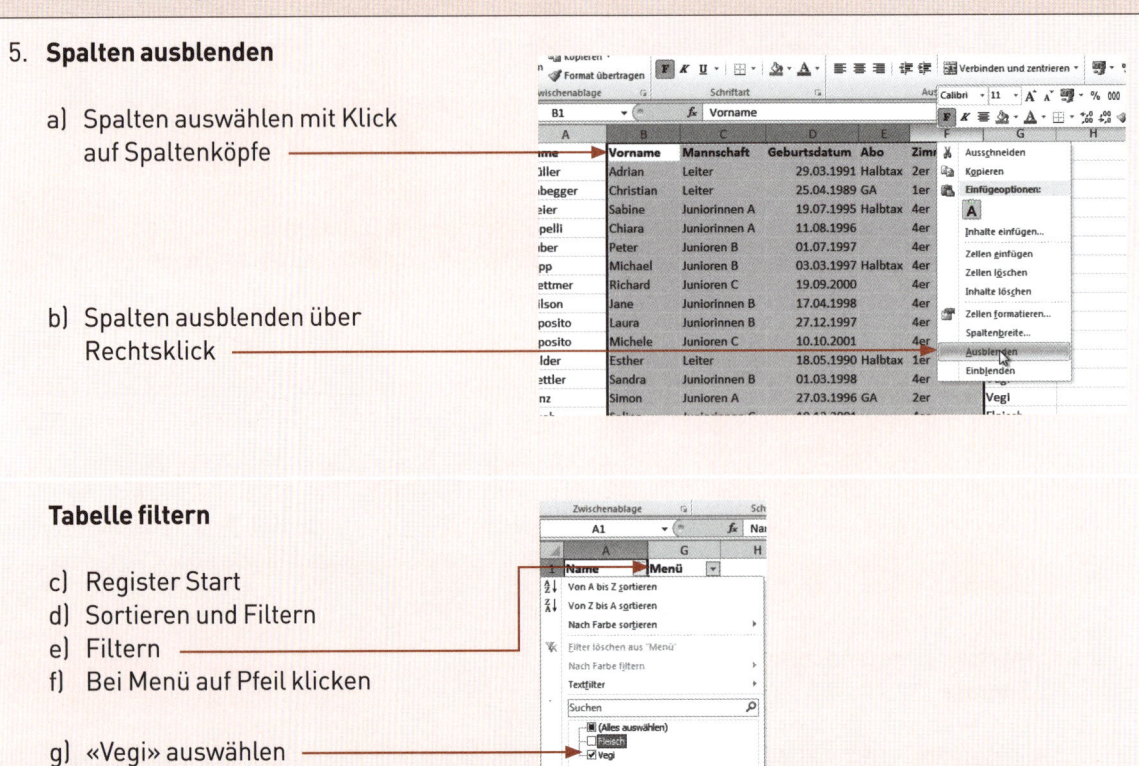

5. Spalten ausblenden

a) Spalten auswählen mit Klick auf Spaltenköpfe

b) Spalten ausblenden über Rechtsklick

Tabelle filtern

c) Register Start
d) Sortieren und Filtern
e) Filtern
f) Bei Menü auf Pfeil klicken

g) «Vegi» auswählen

6. Anzahl Teilnehmende am Beispiel «Leiter»

ZÄHLENWENN($C$2:$C$49;F2)

C2:C49 = Bereich mit Angaben zur Mannschaft (absoluter Bezug, um Formel kopieren zu können)
F2 = gesuchte Bedingung «Leiter»

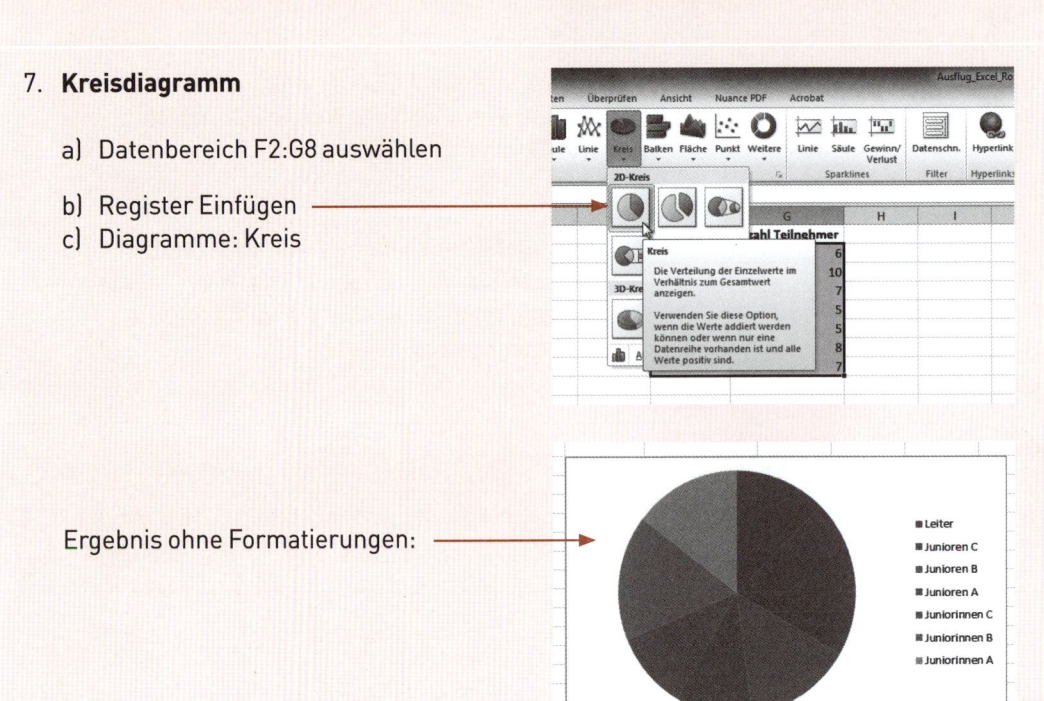

7. Kreisdiagramm

a) Datenbereich F2:G8 auswählen
b) Register Einfügen
c) Diagramme: Kreis

Ergebnis ohne Formatierungen:

Nr.	Beschreibung

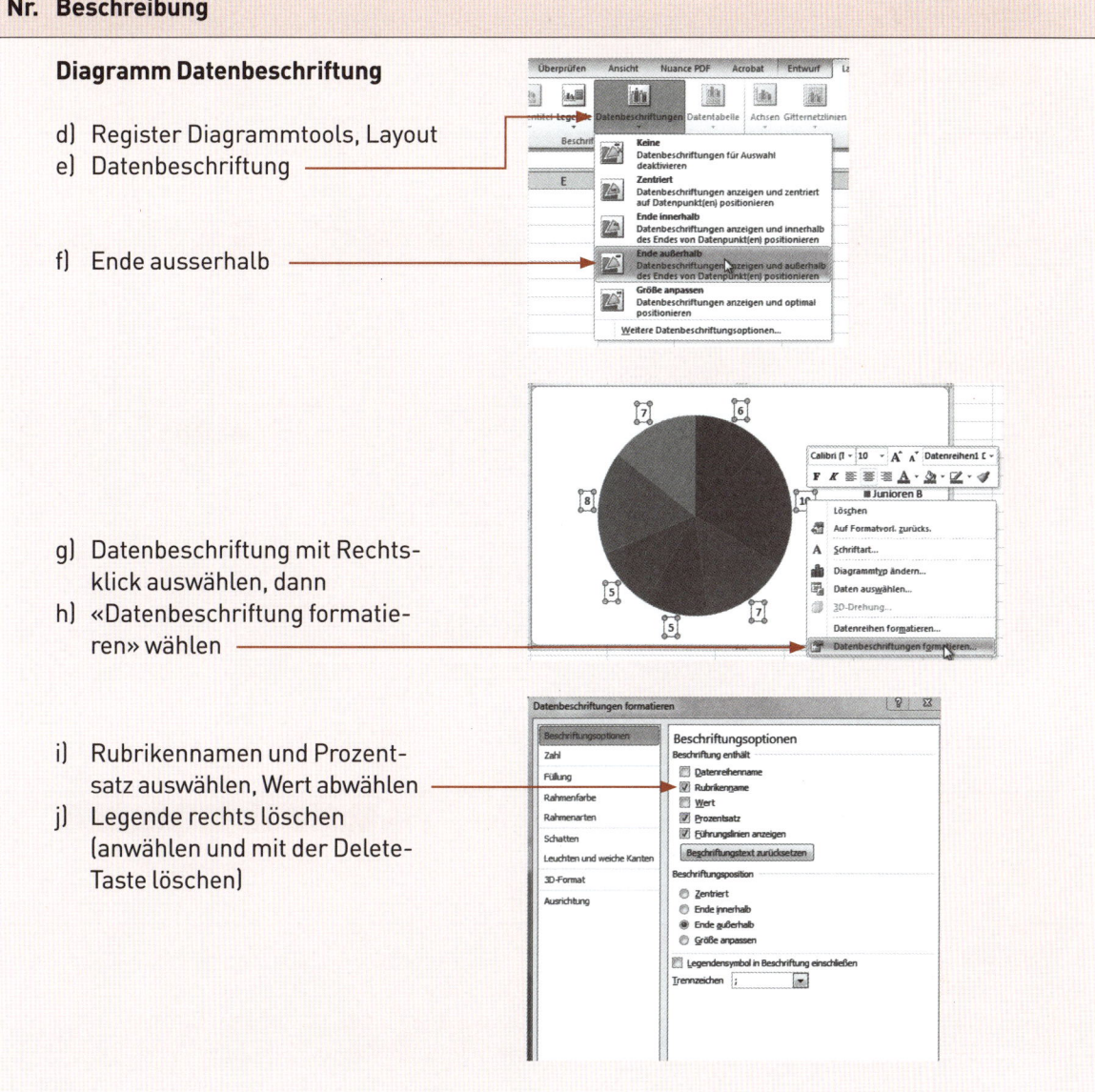

Diagramm Datenbeschriftung

d) Register Diagrammtools, Layout
e) Datenbeschriftung
f) Ende ausserhalb

g) Datenbeschriftung mit Rechtsklick auswählen, dann
h) «Datenbeschriftung formatieren» wählen

i) Rubrikennamen und Prozentsatz auswählen, Wert abwählen
j) Legende rechts löschen (anwählen und mit der Delete-Taste löschen)

Lösung zu 2.6, Textgestaltung

Nr.	Beschreibung	
	Diagrammtitel	
	k) Register Diagrammtools, Layout	
	l) Diagrammtitel, über Diagramm	
	m) Doppelklick auf Titel n) Titel «Anzahl Teilnehmer nach Mannschaft» eingeben o) Füllfarbe dunkelblau p) Schriftfarbe weiss	

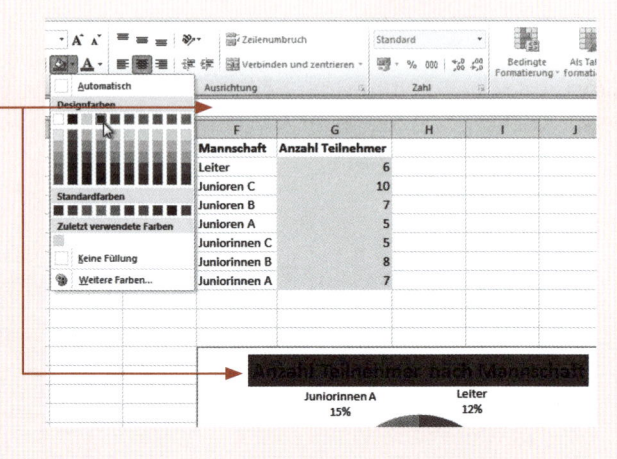

8. **Budget**

Summen Hotelzimmer am Beispiel C5:
Teilnehmer!P8*I5*2

Teilnehmer!P8 = Zelle P8 auf dem Blatt «Teilnehmer» (enthält Anzahl 2er-Zimmer)

I5 = Preis 2er-Zimmer

*2, weil Zimmerpreis pro Person (es müssen also jeweils 2 Personen zahlen)

Tipp
Die Werte stehen sowohl im Tabellenblatt Teilnehmer als auch im Budget untereinander. Sie können durch Ziehen am Anfasspunkt nach unten ausgefüllt werden. Vergessen Sie nicht, die Zellen anzupassen: *2, *4.

9. **Reisekosten am Beispiel C8**

Teilnehmer!P2*I8

Teilnehmer!P2 = Zelle P2 auf Blatt «Teilnehmer» (Anzahl halbe Zimmer)

I8 = Preis für ein halbes Billett

Nr.	Beschreibung

10. Kosten Riverrafting

C14: =I15 * 8
Variante mit Bezügen
=I15*(ANZAHL2(Teilnehmer!A2:A49)/6)

CHF 150 * 8 Boote

8 Boote berechnen:
=ANZAHL2(Teilnehmer!A2:A49)/6

C15: =I16*48
Alternative zur fixen Anzahl Teilnehmende:
=I16*ANZAHL2(Teilnehmer!A2:A49)

CHF 10 * 48 Teilnehmende

C16: SUMME(C14:C15)*D16

Kosten Boote + Kosten Teilnehmer, * 5 %

11. Totale

D17: C14+C15-C16

Kosten Rafting – Rabatt

D19: 5 %*D18

5 % von Zwischentotal

12. Prozentuale Anteile am Beispiel E7

D7/D20

Jeweils die entsprechende Summe (hier D7) geteilt durch Total Ausgaben (D20)

Formatieren als Prozentzahl ohne Kommastellen

13. Beiträge

C25: 48*I25
D27: C25+C26

Anzahl Teilnehmer * Beitrag pro Teilnehmer

14. Überschuss/Defizit

D27-D20

Einnahmen (D27) minus Ausgaben (D20)

Bedingte Formatierung:
a) Register Start
b) Bedingte Formatierung
c) Regeln zum Hervorheben von Zellen
d) Grösser als

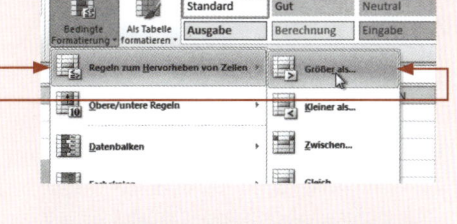

e) Eingeben: 0 mit grüner Füllung
f) gleiches Vorgehen für Kleiner als mit 0 und hellroter Füllung

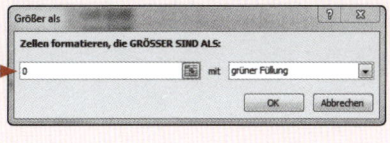

Lösung zu 2.6, Textgestaltung

Intensivtraining IKA

Lösung zu 2.6, Textgestaltung

Nr.	Beschreibung
15.	**Formatierung**

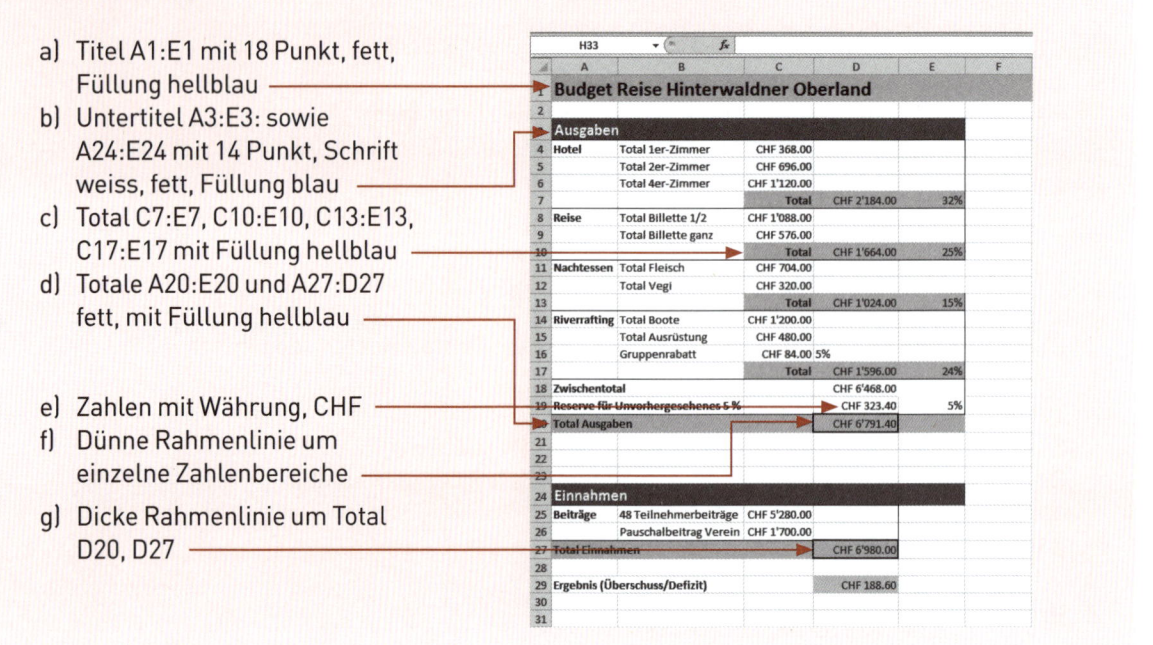

a) Titel A1:E1 mit 18 Punkt, fett, Füllung hellblau
b) Untertitel A3:E3: sowie A24:E24 mit 14 Punkt, Schrift weiss, fett, Füllung blau
c) Total C7:E7, C10:E10, C13:E13, C17:E17 mit Füllung hellblau
d) Totale A20:E20 und A27:D27 fett, mit Füllung hellblau
e) Zahlen mit Währung, CHF
f) Dünne Rahmenlinie um einzelne Zahlenbereiche
g) Dicke Rahmenlinie um Total D20, D27

	A	B	C	D	E
1	**Budget Reise Hinterwaldner Oberland**				
2					
3	**Ausgaben**				
4	Hotel	Total 1er-Zimmer		CHF 368.00	
5		Total 2er-Zimmer		CHF 696.00	
6		Total 4er-Zimmer		CHF 1'120.00	
7			Total	CHF 2'184.00	32%
8	Reise	Total Billette 1/2		CHF 1'088.00	
9		Total Billette ganz		CHF 576.00	
10			Total	CHF 1'664.00	25%
11	Nachtessen	Total Fleisch		CHF 704.00	
12		Total Vegi		CHF 320.00	
13			Total	CHF 1'024.00	15%
14	Riverrafting	Total Boote		CHF 1'200.00	
15		Total Ausrüstung		CHF 480.00	
16		Gruppenrabatt		CHF 84.00	5%
17			Total	CHF 1'596.00	24%
18	Zwischentotal			CHF 6'468.00	
19	Reserve für Unvorhergesehenes 5 %			CHF 323.40	5%
20	**Total Ausgaben**			CHF 6'791.40	
21					
22					
23					
24	**Einnahmen**				
25	Beiträge	48 Teilnehmerbeiträge		CHF 5'280.00	
26		Pauschalbeitrag Verein		CHF 1'700.00	
27	**Total Einnahmen**			CHF 6'980.00	
28					
29	Ergebnis (Überschuss/Defizit)			CHF 188.60	
30					
31					

3.5.4 Präsentation

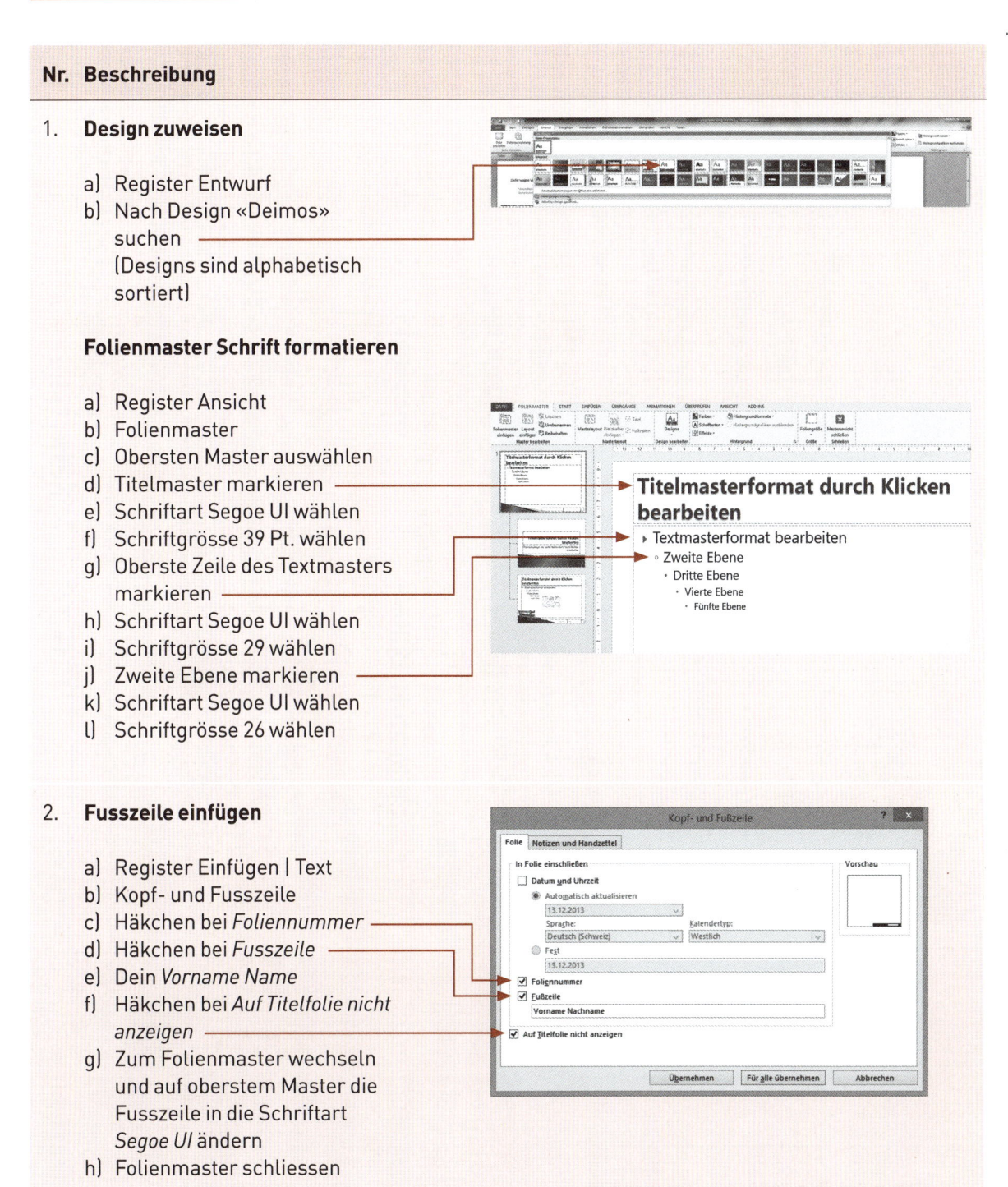

Nr.	Beschreibung
1.	**Design zuweisen** a) Register Entwurf b) Nach Design «Deimos» suchen (Designs sind alphabetisch sortiert) **Folienmaster Schrift formatieren** a) Register Ansicht b) Folienmaster c) Obersten Master auswählen d) Titelmaster markieren e) Schriftart Segoe UI wählen f) Schriftgrösse 39 Pt. wählen g) Oberste Zeile des Textmasters markieren h) Schriftart Segoe UI wählen i) Schriftgrösse 29 wählen j) Zweite Ebene markieren k) Schriftart Segoe UI wählen l) Schriftgrösse 26 wählen
2.	**Fusszeile einfügen** a) Register Einfügen | Text b) Kopf- und Fusszeile c) Häkchen bei *Foliennummer* d) Häkchen bei *Fusszeile* e) Dein *Vorname Name* f) Häkchen bei *Auf Titelfolie nicht anzeigen* g) Zum Folienmaster wechseln und auf oberstem Master die Fusszeile in die Schriftart *Segoe UI* ändern h) Folienmaster schliessen

Lösung zu 2.6, Textgestaltung

Nr.	Beschreibung

3. Logo einfügen

a) Register Einfügen | Gruppe Bilder | Grafik aus Datei einfügen
b) Datei auswählen

c) Register Bildtools | Format | Gruppe Grösse
d) Skalierung: Breite = 3 cm (Seitenverhältnis beibehalten)
e) Logo verschieben: Je 1 cm von oben bzw. von rechts
f) Folienmaster schliessen

4. Titelfolie

a) Titel in Schriftgrösse 55 Pt.
b) Register Start | Gruppe Schriftart
c) Dialogfensterpfeil Schriftart
d) Schriftarteffekt «Kapitälchen»

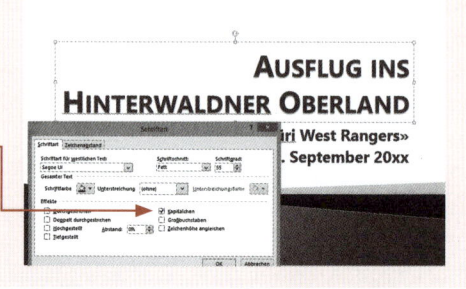

5. Foto in Stern einfügen

a) Stern markieren
b) Register *Format* | Gruppe *Formenarten*
c) Fülleffekt *Bild*
d) Bild im Prüfungsordner auswählen
e) Menü *Format*
f) Gruppe *Formen einfügen*
g) *Form bearbeiten*
h) *Form ändern*
i) *Stern mit 32 Zacken* wählen

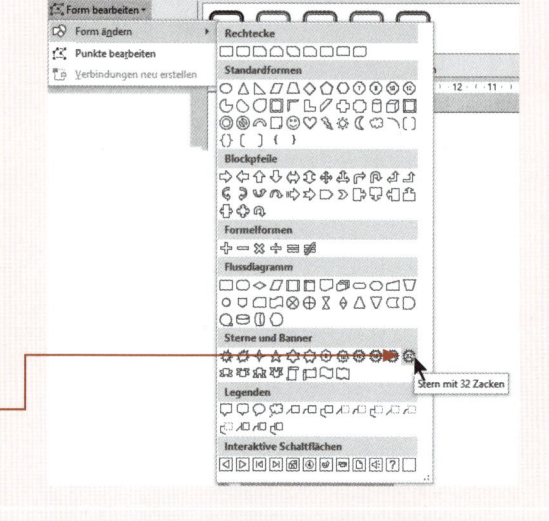

6. SmartArt-Typ ändern

a) Markieren Sie das SmartArt
b) Register *Entwurf* | *Layout*
c) SmartArt-Typ *Vertikale Bildakzentliste*
d) Gruppe SmartArt-Formatvorlage
e) Formatvorlage *Intensiver Effekt*

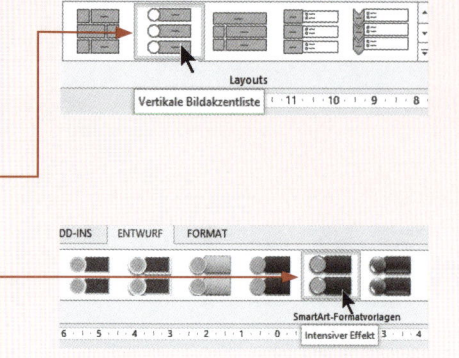

Nr.	Beschreibung		✓

7. Pfeil einmitten

   a) Alle drei Pfeile markieren
   b) Register Zeichentools Format | Anordnen | Ausrichten
   c) Horizontal verteilen

8. Kreis hervorheben

   a) Mittleren Kreis markieren
   b) Register Zeichentools Format | Anordnen | Ebene nach vorne (aufklappen) | In den Vordergrund
   c) Gruppe Formenarten | Kontur | *Orange*

9. Diagrammanimation

   a) Register Animation | Animation | Wischen
   b) Effektoptionen | *Von links*
   c) Effektoptionen | *Nach Kategorie*
   d) Register Animation | Anzeigedauer | Dauer *1 Sek.*
   e) Register Animation | Anzeigedauer | Verzögerung *0.25 Sek.*

10. Animation entfernen

   a) Register Animation | Erweiterte Animation | Animationsbereich
   b) Animationsgruppe aufklappen
   c) Oberste Animation entfernen

11. Folienlayout ändern

   a) Letzte Folie auswählen
   b) Register Start | Gruppe Folien | Layout
   c) *Titelfolie* auswählen

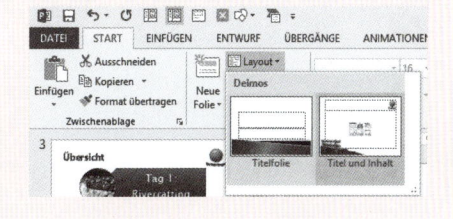

Lösung zu 2.6, Textgestaltung

Nr.	Beschreibung
	Hyperlinks einfügen
d)	Im Untertitelfeld eine neue Zeile mit den Worten *Zurück zur ersten Folie* erstellen
e)	Gesamte Zeile markieren
f)	Register *Einfügen*
g)	Link
h)	*Aktuelles Dokument*
i)	*Erste Folie* wählen
j)	Erstellen Sie darunter eine neue Zeile *Riverrafting-Hochtobel.ch*
k)	Die gesamte Zeile markieren
l)	Register *Einfügen*
m)	*Link*
n)	Bei *Adresse* www.riverrafting-hochtobel.ch eingeben

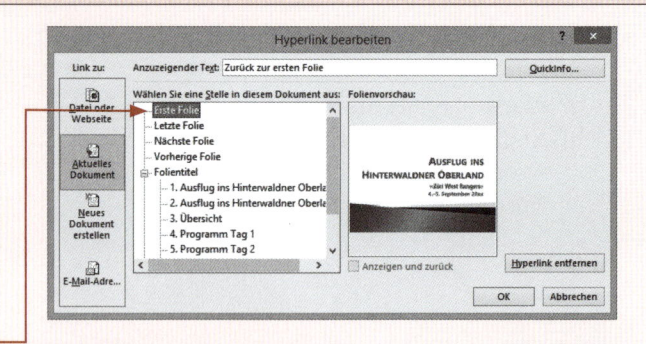

Teil 4 – Online

Lösungsfilme & 250 Theoriefragen

4.1 Lösungsfilme mit detaillierten Anleitungen
4.2 Theoriefragen
4.3 Schlusswort

Intensivtraining IKA

4.1 Lösungsfilme mit detaillierten Anleitungen

Zu jeder Aufgabe finden Sie unter www.klv.ch/ika-intensivtraining einen Lösungsfilm. Hier finden Sie die Schritt-für-Schritt-Anleitungen mit den detaillierten Erklärungen einer IKA-Lehrperson.

Damit Sie die Lösungen zu 100 % verstehen, ist jede Aufgabe individuell verfilmt.

Bessere Anleitungen erhalten Sie nur im Unterricht!

Versuchen Sie es und profitieren Sie von diesen klaren Anweisungen und nützlichen Zusatzinformationen.

4.2 Theoriefragen

10 Punkte, die Sie am QV nicht verschenken dürfen! Repetieren Sie Ihr Wissen einfach und effizient! Mit 250 Online-Fragen zu allen prüfungsrelevanten Theoriethemen erarbeiten und festigen Sie Ihr Wissen zu diesem Prüfungsteil.

Nutzen Sie diesen kostenlosen Zusatz und profitieren Sie von dieser effektiven und zeitsparenden Lernmethode. Sie finden die Exceldatei mit den interaktiven Theoriefragen zum Herunterladen unter www.klv.ch/ika-intensivtraining.

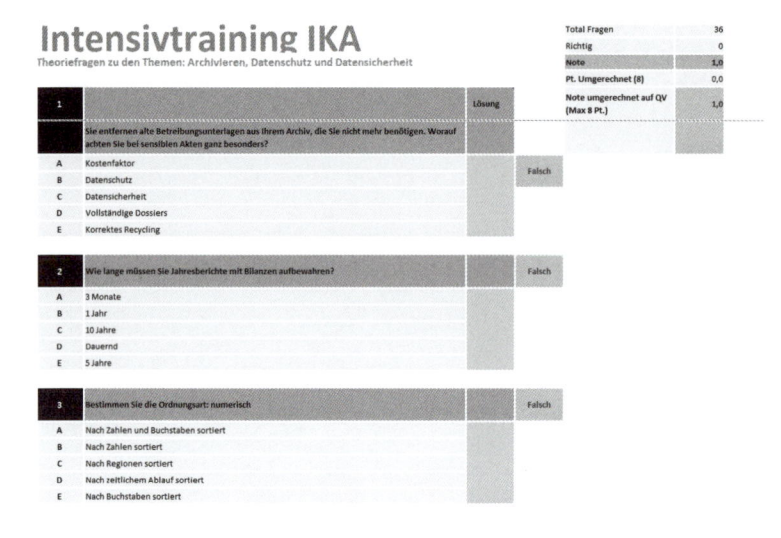

4.3 Schlusswort

Mit dem vollständigen Bearbeiten dieses Lehrmittels haben Sie 15 bis 20 Stunden Vorbereitungszeit investiert. Jetzt gehen Sie gut trainiert an das IKA-Qualifikationsverfahren.

Falls Sie auch jetzt noch Wissenslücken haben und Unsicherheiten verspüren, sprechen Sie mit Ihrer IKA-Lehrperson. Sie unterstützt Sie im Lernen, kennt die passenden Tipps und gibt Ihnen Zusatzübungen, mit denen Sie Ihr Wissen noch vertiefen können.

Jede QV-Prüfung ist einmalig. Je mehr Serien Sie durcharbeiten, umso weniger werden Sie überrascht. Fragen Sie Ihre Lehrperson nach weiteren Prüfungen aus vergangenen Jahren!

Wir wünschen Ihnen viel Erfolg an der bevorstehenden Abschlussprüfung!

Jörg Simmler
und die IKA-Fachdidaktikklasse 2013
der Pädagogischen Hochschule Zürich

Notizen

Notizen

Notizen